#GENAUSO SCHÖN

33 Traumziele und ihre schönsten Alternativen

IN BADEN-WÜRTTEMBERG

Spannender Architektur-Kontrast: Münster und Stadthaus in Ulm

LIEBE LESERIN, LIEBER LESER,

Gar nicht so einfach, 33 Traumziele in Baden-Württemberg zu definieren und zu jedem drei bis vier Alternativen zu nennen! Knapp 200 Ausflugsideen standen am Anfang auf meiner Liste, allseits bekannte Sehenswürdigkeiten, meine Lieblingsziele und natürlich auch der ein oder andere Geheimtipp.
Die Herausforderung war eine andere: Welches ist das Highlight, welches die Alternative? – wenn doch alle erlebenswert sind, das versteckte Juwel im Hinterland und die Top-Attraktion, einmal aus einer ganz anderen Perspektive gesehen.
Meine Auswahl kann also nur subjektiv sein, die Grenzen sind fließend. Doch eins ist garantiert: Vielfalt. Egal, ob Sie sportlich aktiv oder eher gemütlich unterwegs sind, für jeden ist etwas dabei. Ich lade Sie ein, unser schönes Bundesland (neu) zu entdecken. Die schönsten Orte zwischen Bodensee und Hohenlohe, vom Schwarzwald bis zur Schwäbischen Alb habe ich in diesem Buch für Sie zusammengestellt – mehr als 100 Anregungen. Viel Vergnügen beim Entdecken!

Tolle Kombination: moderne Architektur trifft Kunst & Kultur in der Stadtbibliothek Stuttgart

INHALT

Viadukt über die Ravennaschlucht – eine der schönsten Bahnstrecken im Land.

Bodensee: am Hörnle in Konstanz

Zauber aus 1001 Nacht in Baden-Württemberg

LIEBLINGE DER AUTORIN

14

Traufgänge // Donaufelsentour

Entlang des Albtraufs, der schroffen Abbruchkante der Schwäbischen Alb, beginnt ein echter Wandertraum – mal wild mit felsigen Schluchten, mal sanft mit Wiesen und Wacholder. Nicht minder faszinierend ist für mich der Schwäbische Grand Canyon – ein Best-of des Donautals mit schroffen Kalkfelsen, die über dem Fluss aufragen.

#Wandern mit Aussicht

Wandern am Albtrauf

Donaufelsentour

Blick von der Waldburg

Burg Hohenzollern

#Burgenromantik

Burg Hohenzollern // Waldburg

Wirklich märchenhaft thront die Burg Hohenzollern auf dem Zollerberg – die markante Silhouette ist ein beliebtes Fotomotiv, die Burg selbst ein Besuchermagnet. Nicht so bekannt, aber so was von überraschend: die Waldburg. Gekrönt mit einer Wahnsinns-Aussicht von der Dachterrasse, dem höchsten Punkt Oberschwabens. Für mich eine echte Entdeckung!

19

#Flussradeln

Auf dem Neckartalradweg

Nagoldtalradweg

Neckartalradweg // Nagoldtalradweg

11

Mehr Abwechslung als der 374 Kilometer lange Neckartalradweg bietet kaum einer: Moor, Mittelalterburgen, Weinberge oder Barockschlösser säumen die Strecke. Aber auch der Nagoldtalradweg hat mich mit seiner Vielfalt überzeugt: grüne Wälder im Nordschwarzwald, pittoreske Fachwerkstädtchen und imposante Klöster.

… UND LOS GEHT'S MIT DEN TRAUMZIELEN UND IHREN ALTERNATIVEN!

#Kunstmekka

1 Kunsthalle Mannheim

Eine »Stadt in der Stadt«. So lautet nicht nur das Motto der Kunsthalle Mannheim, so fühlt sie sich auch an. Vom lichtdurchfluteten Atrium aus zweigen Gassen in alle Richtungen ab. Über Balkone und Brücken flaniert man zu den Meisterwerken.
Eigentlich hat dieses Kunstmuseum bereits mehr als 100 Jahre auf dem Buckel: 1907 wurde der Jugendstilbau am Wasserturm errichtet. Das historische Gebäude verschmolz 2018 mit einem kubischen Neubau, der mit transparentem Metallgewebe umhüllt ist, zu einem architektonischen Highlight.

Drinnen versammelt ist das Who's who des 19. und 20. Kunstjahrhunderts mit Malereien und Skulpturen von Édouard Manet, Caspar David Friedrich, Auguste Rodin und Alberto Giacometti: mehr als 2000 Gemälde, über 800 Skulpturen und Zehntausende Handzeichnungen, Aquarelle und Druckgrafiken. Eine hauseigene App hält Kunstinteressierte auf dem Laufenden über Ausstellungen und Events. *Friedrichsplatz 4, 68165 Mannheim, www.kuma.art*

// Für Kulturholics

Das Reiss-Engelhorn-Museum in Mannheim vereint vier Häuser in einem – von Fotografie bis zu Sonderausstellungen zu den Weltkulturen.

Motto der Kunsthalle Mannheim: eine Stadt in der Stadt

Museum Frieder Burda Baden-Baden

Strahlend weiß steht das Gebäude als Solitär in der Lichtentaler Allee. Geradlinig, puristisch, offen. Moderne Villa oder doch eher ein Fremdkörper, je nach Geschmack. Ein Statement ist es allemal. Der Kontrast zur Staatlichen Kunsthalle Baden-Baden gleich nebenan jedenfalls könnte kaum größer sein. Architekt Richard Meier aus Amerika hat mit dem Bau für die Sammlung Frieder Burda klare Strukturen gewählt und Transparenz – Drinnen und Draußen verschmelzen durch große Glasfronten, die viel Tageslicht hereinlassen.

So verschieden die architektonische Identität der beiden Kunsthäuser ist: Die Sammlung Frieder Burda mit Kunst des 20. und 21. Jahrhunderts und die der 100 Jahre älteren neoklassizistischen Kunsthalle ergänzen sich bestens. Gemeinsame Ausstellungen erstrecken sich auf beide Gebäude, die mit einer gläsernen Brücke verbunden sind. Mehr als 1000 Werke der Klassischen Moderne und der zeitgenössischen Kunst umfasst das Museum Frieder Burda, es sind regelmäßig Sonderausstellungen zu sehen.

Für Kunst- und Architekturfans: Zeitgenössisches in der Lichtentaler Allee

Deutscher und Abstrakter Expressionismus, Deutsche Malerei ab 1960, Malerei ab 1990 und Picasso, der mit acht Werken vertreten ist, bilden die Schwerpunkte der heutigen Sammlung von Gemälden, Skulpturen und Arbeiten auf Papier.

Lichtentaler Allee 8B, 76530 Baden-Baden,
www.museum-frieder-burda.de

// Zeit für einen Spaziergang

Mehr als 300 verschiedene Bäume und Sträucher, von Azalee bis Rhododendron, verwandeln die Lichtentaler Allee entlang des Flüsschens Oos zu jeder Jahreszeit in einen magischen Ort. Ursprünglich 1655 als Eichenallee angelegt, wurde die 3,5 Kilometer lange Prachtstraße weltberühmt.

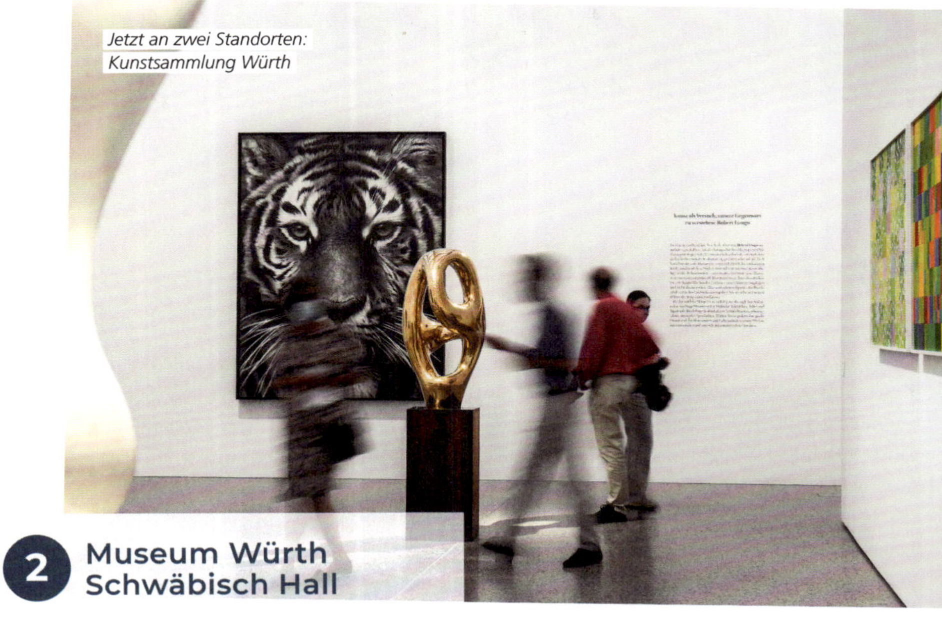

Jetzt an zwei Standorten: Kunstsammlung Würth

2 Museum Würth Schwäbisch Hall

Nein, hier ist ganz sicher keine Schraube locker. Auch wenn das auf den ersten Blick nicht zusammenpasst: ein Museum für Schrauben und Gewinde und das Museum Würth als Ausstellungsforum für moderne und zeitgenössische Kunst unter einem Dach, im Verwaltungsbau der Adolf Würth GmbH & Co. KG in Künzelsau. Der Unternehmer Reinhold Würth wurde nicht nur durch seine Firma für Schrauben und Befestigungselemente bekannt, sondern auch für sein Mäzenatentum. Seit Jahrzehnten fördert Würth vor allem auch regionale, unbekanntere Künstler. Die Sammlung Würth konzentriert sich auf Skulptur, Malerei und Grafik vom ausgehenden 19. Jahrhundert bis zur Gegenwart. Kürzlich eröffnete der Kunstliebhaber ein zweites Museum: Würth 2. Am neuen Standort neben dem Firmensitz sind die Highlights seiner Kunstsammlung zu sehen – 150 Werke, darunter diverse von Picasso, ausgewählt aus einer Kollektion, die mittlerweile mehr als 18 500 Exponate umfasst.

Last but not least beherbergt auch die Kunsthalle Würth in Schwäbisch Hall eine Wechselausstellung mit Werken aus der Sammlung Würth.

Auf dem Gelände der ehemaligen Löwen-Brauerei entstand ein Haus mit prämierter Architektur, das sich harmonisch in die alte Reichsstadt Schwäbisch Hall einbettet.
Reinhold-Würth-Straße 15, 74653 Künzelsau, kunst.wuerth.com/de/portal/startseite.php

// Bester Fotospot

Unterhalb der Kunsthalle am Kocherufer zeigt sich die Silhouette von Schwäbisch Hall am schönsten.

3 Kunstmuseum Stuttgart

Stuttgart kann so viel mehr als Autos bauen: Mehr als 15 000 Werke umfasst die städtische Kunstsammlung – sowohl Gegenwartskunst als auch die Klassische Moderne mit Werken von Otto Dix oder Willi Baumeister. Glanzstück der Sammlung ist das Triptychon »Großstadt«, das Dix 1927/28 malte.

Einen Namen in der Kunstwelt machte sich das 2005 eröffnete Museum aber auch mit Ausstellungen, die gekonnt die herkömmlichen Grenzen der Kunstsparten überwinden. Nicht zuletzt deswegen wählte der Internationale Kunstkritikerverband AICA das Haus 2021 zum »Museum des Jahres«.

»Frischzelle« heißt beispielsweise eine jährlich wechselnde Ausstellungsserie, die jungen Kunstschaffenden aus Baden-Württemberg ein Experimentierfeld bietet.

Nicht nur die prominente Lage am Schlossplatz, auch die Architektur zieht die Blicke auf sich. Das Museumsgebäude mit über 5000 Quadratmetern Fläche wurde von den Berliner Architekten Hascher und Jehle entworfen. Tagsüber sieht man den gläsernen Würfel, der die Umgebung spiegelt. Nachts werden die beleuchteten Kalksteinwände im Innern sichtbar. Der Glaskubus wirkt zeitlos elegant – im Inneren überrascht auch ein Ausstellungsbereich in einem ehemaligen Verkehrstunnelsystem unter der Erde. *Kleiner Schlossplatz 1, 70173 Stuttgart, www.kunstmuseum-stuttgart.de*

// Unbedingt Zeit nehmen

Für eine kleine Pause und das bunte Innenstadttreiben genießen – auf einer Bank oder in einem der Cafés am Schlossplatz.

2021 zum Museum des Jahres gewählt: Kunstmuseum Stuttgart

Heidelberger Schloss und Alte Brücke

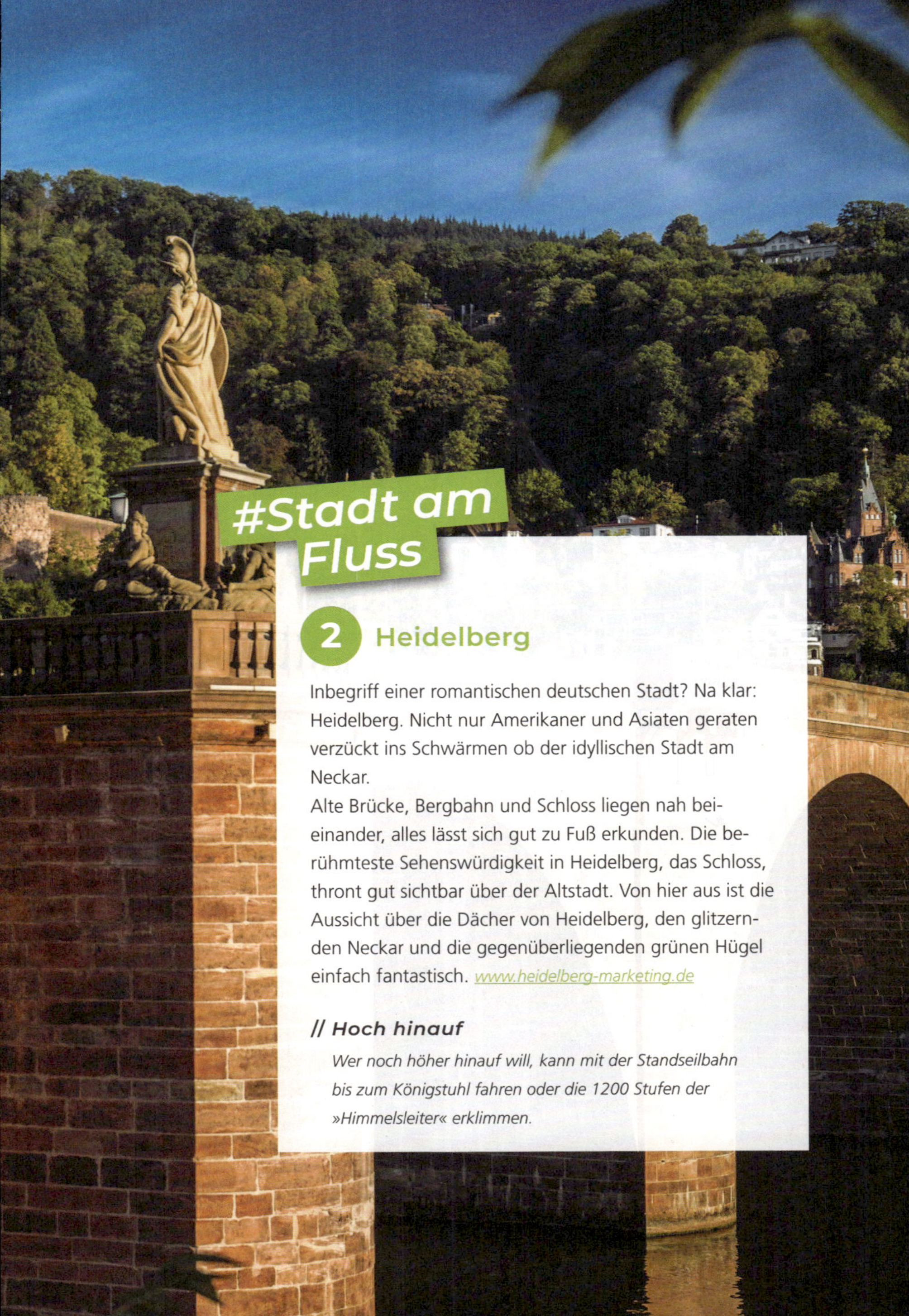

#Stadt am Fluss

2 Heidelberg

Inbegriff einer romantischen deutschen Stadt? Na klar: Heidelberg. Nicht nur Amerikaner und Asiaten geraten verzückt ins Schwärmen ob der idyllischen Stadt am Neckar.

Alte Brücke, Bergbahn und Schloss liegen nah beieinander, alles lässt sich gut zu Fuß erkunden. Die berühmteste Sehenswürdigkeit in Heidelberg, das Schloss, thront gut sichtbar über der Altstadt. Von hier aus ist die Aussicht über die Dächer von Heidelberg, den glitzernden Neckar und die gegenüberliegenden grünen Hügel einfach fantastisch. www.heidelberg-marketing.de

// Hoch hinauf

Wer noch höher hinauf will, kann mit der Standseilbahn bis zum Königstuhl fahren oder die 1200 Stufen der »Himmelsleiter« erklimmen.

Die Alternativen

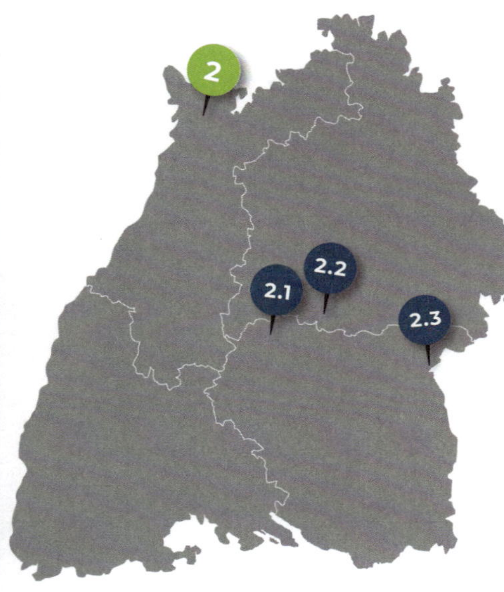

1 Tübingen

Warum zwischen Stadt, Land und Fluss entscheiden, wenn man alles haben kann? Altstadtläden voller Exotik, Fairtrade-Geschäfte mit ökologisch produzierten Lebensmitteln, Weinstuben mit mediterranem Charme – die Stadt am Neckar ist anders als andere. Ein bisschen grüner, nachhaltiger vielleicht. Jünger auch, die vielen Studenten bringen internationales Flair ins Ländle. Schwäbisch hört man im Zentrum demzufolge eher selten.

Zu Fuß oder klimafreundlich mit dem nächstgeparkten E-Roller lässt man sich durch Tübingen treiben und genießt das Dolce Vita.

Natürlich hat Tübingen auch ein historisches Gesicht, vor allem in den engen Fachwerkgassen der Altstadt. Das Rathaus stammt in Teilen noch aus dem 15. Jahrhundert, das Glockenspiel erklingt mehrmals am Tag. Ein berühmtes Wahrzeichen und beliebtes Fotomotiv ist der Hölderlinturm am Neckarufer.

Nicht wegzudenken sind die Tübinger Stocherkähne, mit denen man gemütlich zwischen der romantischen Altstadtsilhouette und der Platanenallee auf der grünen Neckarinsel entlanggleitet.

Gehört zu Tübingen einfach dazu: eine Stocherkahnfahrt

Noch mehr Natur gibts im Botanischen Garten auf der Morgenstelle, wo mehr als 10000 verschiedene Pflanzen wachsen. Von der nordamerikanischen Prärie nach Madagaskar, wo der Pfeffer wächst, bis nach Asien in den Bambuswald an einem Tag – das geht nur in Tübingen.
www.tuebingen-info.de

// Um die Ecke

Burg Hohenzollern, das Neuschwanstein Baden-Württembergs. Ein Meisterwerk der Baukunst des 19. Jahrhunderts.

2 Nürtingen

Der Schlossberg gleicht einem Schweizer Käse, unzählige Gänge und Keller löchern den Untergrund. Heute werden sie als Ausstellungsräume genutzt oder als Theater im Schlosskeller. Richtig romantisch ist die Schlossberggasse, wo die Häuser alle ein bisschen windschief, aber gerade deshalb sehr charmant aussehen. Die Staffel am Schlossberg nennen die Nürtinger Zeppelinstaffel, weil der Graf Zeppelin diese Treppe einst auf seinem Gaul hinuntergaloppierte. Und die Wächter der Stadtkirche hatten von ihrer Wohnung auf dem Westturm alles im Blick.
Das alles und noch viel mehr erfährt man bei einer »Zeitreise« in Nürtingen. Die etwas andere Stadtführung macht jeder in seinem eigenen Tempo – mit einer eigens dafür programmierten App.
An sogenannten »Zeitfenstern« sind alte Fotografien gebündelt, die genau an der Stelle entstanden sind, an der man heute steht. Mit der Smartphone-Kamera werden diese Fotos perspektivisch so in den Raum eingepasst, dass man direkt in vergangene Zeiten eintauchen kann – ohne dass die Gegenwart verschwindet.

Und im Heute findet man in Nürtingen nicht nur Museen und nette Geschäfte, sondern mit dem Neckar und der Schwäbischen Alb auch tolle Outdoormöglichkeiten: Stand-up-Paddling, Radeln am Fluss oder Wandertouren auf den

Detailverliebt: Keller in der Altstadt von Nürtingen

»Hochgehbergen«, den Premiumwegen im Biosphärengebiet. Am besten einen E-Scooter leihen (im Zweirad:Café) und damit die idyllische Stadt samt Neckar erkunden.
www.nuertingen.de

// Strandfeeling am Neckar

An der Fischtreppe im kleinen, aber feinen Biergarten mit Liegewiese, Bar und House-Sounds.

Fischerviertel Ulm

Einer der höchsten der Welt: Turm des Ulmer Münsters

3 Ulm

Wenn die Trommler in ihren roten Röcken das Signal zum Angriff geben und sich von beiden Seiten der Donau flache Kähne mit Lanzenkämpfern gen Flussmitte abstoßen, dann ist wieder Fischerstechen in Ulm. Jeweils zwei Männer stehen auf einem Boot und versuchen, ihre Gegenüber in die Donau zu stoßen. Seit 1549 findet das Fest alle vier Jahre statt und sorgt für eine Riesengaudi.
Wer nicht zuschauen will, geht schweißtreibende 768 Wendeltreppenstufen himmelwärts: Bei gutem Wetter reicht der Blick vom Ulmer Münster bis zu den Alpen. Mit 161,53 Metern ist der Westturm seit 1890 einer der höchsten Kirchtürme der Welt.

Und ganz modern bauen? Kann Ulm auch. Das weiße Stadthaus des New Yorker Architekten Richard Meier am Münsterplatz oder die gläserne Bibliotheks-Pyramide am Marktplatz setzen Akzente.

Hat man all das besichtigt, empfiehlt sich ein Kneipenbummel im historischen Fischerviertel. Damit dort alles wieder ins Lot kommt, könnte eine Wasserwaage gute Dienste leisten. Im Hotel Schiefes Haus gehört das Instrument nicht ohne Grund zum Inventar. Denn eine allgemeine Schräglage ist im beliebten Ulmer Ausgeh-Quartier ein Dauerzustand. Schief und bucklig sind hier keine Ausnahme, sondern die Regel. Uralte Fachwerkfassaden neigen sich mal mehr, mal weniger der durchfließenden Blau oder den kopfsteinbepflasterten Gassen entgegen. Eine davon ist derart eng, dass es innerhalb eines Pulks schier zwangsläufig zu Annäherungen kommen muss, und wurde kurzerhand zum »Kussgässle« umgetauft.
www.ulm.de

// Nicht verpassen

Den 18 Meter langen begehbaren Donautunnel im Ulmer Tiergarten.

In der Experimenta Heilbronn ist Mitmachen erwünscht

#Technikwunder

3 Experimenta Heilbronn

Was passiert beim Aufprall im Auto? Wie kommt die Welt ins Gehirn?
Deutschlands größtes Science-Center beantwortet nicht nur solche Fragen, sondern lädt auch zum Forschen und Experimentieren ein – an mehr als 270 Mitmachstationen in den Entdeckerwelten.

Ein besonderes Highlight sind die Lasershows im Science Dome, der Wissenschafts-Theater und Planetarium verbindet. Das Experimentaltheater zeigt spielerisch zum Beispiel den Kreislauf aus Regen, Fluss, Meer und Verdunstung oder warum ein Flugzeug fliegen kann.
In der Experimentierküche erfahren Gäste, wie mithilfe von naturwissenschaftlichem Know-how im 21. Jahrhundert Lebensmittel kreiert werden. Kurse in den Laboren der Forscherwelten runden das Angebot ab.
Experimenta-Platz, 74072 Heilbronn, www.experimenta.science

// Auch sehenswert

Die astronomische Uhr am Heilbronner Rathaus mit Glockenspiel zur vollen Stunde.

Die Alternativen

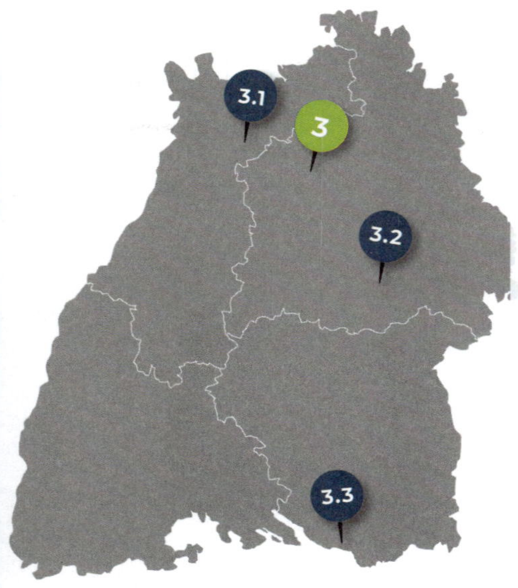

1 Technik-Museum Sinsheim

Ready for Take-off? Die Concorde F-BVFB scheint startbereit auf dem Dach des Sinsheimer Technikmuseums zu stehen. Und wer nie die Gelegenheit hatte mitzufliegen, kann zwar auch jetzt nicht abheben, den Überschalljet aber zumindest einmal von innen bestaunen und einen Blick ins Cockpit werfen. Mit weit über 2000 Stundenkilometern war auch die russische Konkurrentin Tupolev TU-144 in der Luft unterwegs, die ihre endgültige Parkposition ebenfalls im Technikmuseum gefunden hat.
Nicht nur schneller als der Schall, ja sogar als Zeitmaschine war der DeLorean gedacht. Jedenfalls in der Science-Fiction-Trilogie »Zurück in die Zukunft« mit Michael J. Fox und Christopher Lloyd. Durch diesen Film wurde das Fahrzeug mit den Flügeltüren endgültig Kult und untrennbar mit der Popkultur der 1980er verbunden.

Mehr als 3000 weitere Zeitzeugen der Technikgeschichte umfasst die Ausstellung: prachtvolle Oldtimer aller Marken und Epochen, darunter das Experimentalfahrzeug Brutus, Formel-1-Legenden, Motorradklassiker und American Dream Cars. Aber auch Dampfloks und Landmaschinen, historische Orgeln und Militärequipment.
Fans der Autos mit dem Stern bekommen leuchtende Augen in der Oldtimer-Halle mit den historischen Mercedes-Automobilen aus den 1920er- und 1930er-Jahren. Nur zwanzig Jahre lang wurden Maybach-Autos gebaut – und gehörten damals zum besten, aber auch teuersten, was sich auf vier Rädern bewegte. Nur etwa 1800 gab es, einige dieser Raritäten haben es hier ins Museum geschafft.
Museumsplatz, 74889 Sinsheim, www.technik-museum.de

// Auftanken

Entspannung finden die museumsmüden Beine anschließend in der Thermen und Badewelt Sinsheim.

Hingucker: Concorde auf dem Gelände des Technikmuseums Sinsheim

2 Märklineum Göppingen

Von wegen klein: 100 Tonnen wiegt das Wahrzeichen des Märklineums, das auf dem Firmengelände steht – eine Original-Dampflok der Baureihe 44 aus dem Jahr 1942.
Was innen im 2021 neu eröffneten Museum wartet, ist allerdings um einiges filigraner und kleiner. Entlang der 840 Meter langen Gleisanlagen fährt eine Gebirgsbahn über die Schwäbische Alb mit dem Blautopf bis zum Stuttgarter Talkessel. Sehenswürdigkeiten wie die Wilhelma oder der Neckarhafen, Brücken, Übergänge, Bahnhöfe – alles wurde im Maßstab 1:87 detailgetreu nachgebaut. Auf 100 Quadratmetern und zwei Ebenen erstreckt sich die Modellbahnanlage und nimmt weiter Gestalt an. Wer will, kann den Modellbauern dabei über die Schulter schauen.

Kann gut sein, dass nicht nur Kinderaugen leuchten. So manch gestandener Mann wird sich in die Kinderzeit zurückversetzt fühlen, in der er als Bub mit seiner ersten Modelleisenbahn spielte. Ganze 160 Jahre umfasst die Zeitreise in der Ausstellung zu den Anfängen des Unternehmens, welches seinerzeit übrigens auch Puppenküchen aus Blech und Spielzeugkinderwagen herstellte, dank der engagierten Frau des Märklin-Gründers, die als erste weibliche Handelsreisende das Geschäft mit Spielzeug für Mädchen ausbaute.

Reuschstraße 6, 73033 Göppingen, www.maerklineum.de

// Unter Dampf

Wer lieber mitfahren will: Zwischen Schorndorf und Welzheim verkehrt an Sonn- und Feiertagen zwischen Mai und Oktober die Schwäbische Waldbahn mit historischen Waggons. Infos und Tickets unter www.schwaebische-waldbahn.de

im Märklineum leuchten nicht nur Kinderaugen

Modell des Zeppelin LZ 129 Hindenburg

3 Zeppelin-Museum Friedrichshafen

Ein Rauchsalon an Bord eines Luftschiffes? Was heute undenkbar erscheint, war Anfang des letzten Jahrtausends der wahr gewordene Traum abenteuerlustiger Tüftler wie Ferdinand Graf Zeppelin. »Fliegende Zigarre«, diesen Namen bekam die LZ 129 Hindenburg dann doch eher wegen ihrer Form.
Zusammen mit dem Schwesterluftschiff LZ 130 war die Hindenburg das größte jemals gebaute Luftfahrzeug der Welt: 245 Meter lang, mit einem Durchmesser von 41,2 Metern – ein Vielfaches heutiger Jumbojets. Beim Rundgang durch das Zeppelin-Museum lässt sich die wahre Dimension staunend erleben: Die LZ 129 Hindenburg wurde in Teilen originalgetreu nachgebaut und kann auch von innen besichtigt werden, inklusive Schlafkabinen und Salon. Ein ziemlicher Luxus zur damaligen Zeit, den sich auf der Jungfernfahrt 1936 von Friedrichshafen nach Meersburg und zurück 30 zahlende Gäste nicht entgehen ließen.
Eingesetzt wurde der Zeppelin später für Transatlantikflüge zwischen Frankfurt am Main und Rio de Janeiro, die bei einer durchschnittlichen Reisegeschwindigkeit von 100 bis 120 Stundenkilometern entsprechend lange dauerten. Viel Zeit, die Aussicht zu genießen, denn geflogen wurde nur maximal 600 Meter hoch.

Neben Erfolgen und Meilensteinen zeigt das Museum aber auch Unterlagen zum tödlichen Unglück der LZ 129, das die zivile Luftfahrt zunächst einmal beendete. Der Traum vom Fliegen lebt aber weiter – und wird in Friedrichshafen spannend erzählt.

Seestraße 22, 88045 Friedrichshafen,
www.zeppelin-museum.de

// Um die Ecke

Noch mehr Informationen über die Fliegerei gibts im Dornier-Museum am Flughafen Friedrichshafen.

Schwäbisch Hall: Altstadtgasse an der großen Treppe

#Kleinstadt-idylle

4 Schwäbisch Hall

Die Kamera kommt gar nicht mehr zur Ruhe, so fotogen zeigt sich die alte Salzsiederstadt am Kocher. Hinter jeder Ecke wartet ein weiteres Motiv: Türmchen, überdachte Holzbrücken, enge Gassen, der Pranger über dem Brunnen, das im Stil eines barocken Adelspalais erbaute Rathaus und natürlich die romanisch-gotische Kirche St. Michael mit der mächtigen Freitreppe. Die entstand im 16. Jahrhundert als Ersatz für eine hohe Mauer und wirkt entsprechend einladender zum Sitzen – Rom lässt grüßen. Im Sommer ist sie außerdem eine tolle Kulisse für die Freilichtfestspiele.

Moderne Architektur? Kann Schwäbisch Hall auch. Die Kunsthalle Würth, das Haller Neue Globe Theater oder das Glashaus am Milchmarkt setzen zeitgenössische Akzente in der Baukunst.
www.schwaebischhall.de

// Bester Selfie-Spot

Am Kocher-Ufer gegenüber der Altstadt.

1 Calw

Still steht er da auf der Nikolausbrücke und schaut auf die Stadt. Schmächtig, fast ein wenig unscheinbar. Und doch einer der bekanntesten Bewohner von Calw: Hermann Hesse, bis heute weltweit der meistgelesene deutschsprachige Autor des 20. Jahrhunderts.

Die Kleinstadtidylle seiner geliebten Heimat findet sich in vielen seiner Werke wieder, und vieles aus jenen Tagen blieb im Stadtbild erhalten. Auf Schritt und Schritt begegnet einem der Literaturnobelpreisträger im reizvollen Fachwerkstädtchen auch heute noch. Das Hermann-Hesse-Museum öffnet 2023 mit neuem Konzept. Das Palais Vischer und das Gerbereimuseum zeigen die traditionelle Seite der Stadt. Via QR-Code kann jeder auf einem der Themenrundwege durch das Calwer Zentrum, das etwa 200 denkmalgeschützte Häuser umfasst, seine eigene Stadtführung unternehmen.

Fachwerkidylle in Calw

Das charmante Calw lockt nicht nur Kulturfans, sondern auch Naturliebhaber, Ausflügler und Urlauber, Wanderer und Radler. Die Mischung aus Stadt und Natur machts. Der »schwarze Wald« reicht bis fast in die Stadt hinein: Am

Stadtgarten startet beispielsweise der Wasser-, Wald- und Wiesenpfad – mehr Abwechslung auf einer einzigen Tour geht kaum.

Cafés und Geschäfte rund um den Marktplatz laden anschließend ein, noch ein bisschen länger zu bleiben.
www.calw.de

// Um die Ecke

Die romantischen Ruinen von St. Peter und Paul in Hirsau zeugen von einem der bedeutendsten Klöster des Mittelalters. Eine tolle Kulisse auch für den Calwer Klostersommer, das Open-Air-Kulturfestival im Nordschwarzwald.

2 Isny

Isny ist anders. Das historische Zentrum wurde als Oval angelegt – mit einem Straßenkreuz nach italienischem Vorbild. Ziemlich detailverliebt und verspielt waren die Baumeister aus Rovereto auch bei der Kirche St. Georg und Jakobus am Werk: Einen solchen Rokokohimmel hätte man nicht erwartet, denn von außen wirkt die Kirche doch eher unscheinbar. Einblicke in den Mittelalteralltag der Allgäuer Kleinstadt geben Wehrgang, Tore und Türme an der Stadtmauer.
Ein Mekka für Architekturfans ist dieser Mix allemal: Patrizierhäuser, Barock, Renaissance, Jugendstil. Zwinghof und Winzerheim (an dieser Stelle sollen einst 437 Rebstöcke gestanden haben) der Immobilienbarone Immler, die ein kühnes Stadttor aus 250 000 Glassteinen bauen wollten – entworfen von Peter Zumthor. Zu verwegen für viele Isnyer, fast drei Viertel stimmten dagegen. Saniert und modernisiert wurde dennoch, die südliche Altstadt erhielt ein neues Gesicht – nach altem Muster.

Ein nicht ganz unwichtiges Kapitel in der Stadtchronik: die Familien-Brauerei Stolz, im 18. Jahrhundert gegründet und heute die letzte in Isny, früher waren es ganze 13! Knuspriger Schweinsbraten im Biersud und Schnitzel mit Malzpanade im Brauereigasthof Engel sind der würdige Abschluss eines geschichtsträchtigen Ausflugs nach Isny.
www.isny.de

// So ein Käse

Führungen mit Verkostung immer freitags in der in der Allgäuer Bio-Sennerei (www.kaeskueche-isny.de)

Nach italienischem Vorbild als Oval angelegt: Isny

3 Ellwangen

In der Kleinstadt auf der Ostalb scheint man einen besonderen Draht nach oben zu haben. Welches Polizeirevier schmückt sich sonst mit einer Madonna? Wer weiß, vielleicht ist manch ein Besucher dort ganz froh über ein wenig göttlichen Beistand.
Gotteshäuser gibt es einige in Ellwangen. Da wäre die Basilika St. Vitus, die als Kloster gebaut und später barock verschönert wurde. Durch eine Verbindungstür kann man hinübersehen in die evangelische Stadtkirche und deren herrliche Deckenfresken bestaunen. Und dann wäre da noch die prunkvoll ausgestattete Wallfahrtskirche Schönenberg.

Das historische und recht kleine Zentrum von Ellwangen hat sich fein herausgeputzt. Rund um den Marktplatz gruppieren sich barocke Stiftsherrenhäuser mit geschwungenen Giebeln und prächtigen Fassaden, darunter das Palais Adelmann, in dem die Stadtbibliothek untergebracht ist.

Am Fuchseck-Brunnen steht eines der ältesten Gebäude in Ellwangen: das Haus Zimmerle. Zu Goethes Zeiten als Postgasthof genutzt, befindet sich heute eine Apotheke in diesem farbenfrohen Haus.
Über der Stadt thront das fürstpröpstliche Schloss ob Ellwangen, dessen Innenräume die einstige Fürstenpracht erahnen lassen.
www.ellwangen-tourismus.de

// Für Bierfans

gibt es Felsenkellerführungen der Rotochsen-Brauerei – inklusive Wissenswertem über die historischen Wirtshäuser von Ellwangen und einer Bierprobe.

Bummelmeile in Ellwangen

Stadt der Spiele: Ravensburg

4 Ravensburg

Mit Spielen kennen sich die Ravensburger aus. Oder Puzzles. Was liegt also näher, als auch die Besucher auf eine kleine Partie einzuladen. Beim Stadtbummel beispielsweise: Beim Rundgang durch das historische Zentrum kann man mit der App »Ravensburg GO« nicht nur Sehenswürdigkeiten erleben, sondern auch rätseln beim Quiz, virtuelle Spielregeln sammeln und Geschichten erfahren. Davon hat Ravensburg einige zu erzählen, schließlich ist es eine der besonders gut erhaltenen mittelalterlichen Städte in Süddeutschland.
Das vermutlich älteste Stadttor ist das 42 Meter hohe Obertor mit dem Armesünderglöcklein. Auch das Frauentor stammt aus dem 15. Jahrhundert, glücklicherweise wird heute aus dem Erker kein Pech mehr hinuntergeschüttet wie damals üblich, um unliebsame Besucher abzuwehren. Mehlsack, Gemalter Turm, Grüner Turm, Blaserturm, Spitalturm, Schellenberger Turm – würde Ravensburg nicht schon den inoffiziellen Titel »Stadt der Spiele« tragen, Türmestadt würde genauso gut passen.

Schlechtes Wetter? Kein Problem in Ravensburg: Das Kunstmuseum, das Museum Humpis-Quartier, das Wirtschaftsmuseum und selbstverständlich das Ravensburger-Spiele-Museum bieten reichlich Abwechslung.
Ein idealer Ausgangspunkt, um die ehemalige Reichsstadt nahe des Bodensees zu erkunden, ist der Marienplatz. Besonders am Samstagvormittag, wenn der Wochenmarkt stattfindet, herrscht hier ein buntes Treiben in den Gassen.
www.ravensburg.de/tourismus

// Sparen mit Spaß

Die erspielten Punkte aus der App kann man bei ausgewählten Partnern im Handel oder in der Gastronomie einlösen.

Innenhof im Kloster Maulbronn

#Kloster

5 Kloster Maulbronn

Man möchte sich die Augen reiben und fragen: Bin ich in einer anderen Welt gelandet? Ja. Im Mittelalter. Kloster Maulbronn gilt als das am vollständigsten erhaltene Kloster nördlich der Alpen – inklusive Kirche, Klostermauer, Toren, Türmen, Brunnen, Schule, Herrenhaus, Wirtschaftsgebäuden, Krankenhaus. Sogar eine Fußbodenheizung hatte man damals, wenn auch nicht alle in den Genuss von so viel Komfort kamen. Deutlich wird die Hierarchie auch in der Kirche, wo die Ordensleute im üppig verzierten Chorgestühl saßen, streng getrennt von den einfachen Plätzen. Die Mönche nutzten auch den Kreuzgang und das Brunnenhaus – nur die Magnolie im Innenhof konnten sie leider noch nicht bewundern, die ist mit ihren geschätzten 150 Jahren viel zu jung.

Die Gründung des Klosters Maulbronn ist laut einer Legende übrigens einem Esel zu verdanken, der an einer Wasserquelle partout nicht weitergehen wollte – und am Tiefen See den perfekten Standort fand.
Eine richtige Klosterstadt entstand da im 12. Jahrhundert in den Hügeln des Kraichgaus. Inklusive dem angrenzenden Maulbronner Closterweinberg, auf dessen Sandsteinterrassen heute wieder feine Burgunder reifen.
Mit Gauklern, Narren, Handwerkern und Händlern kehrt beim Klosterfest jedes Jahr im Juni der Alltag der Zisterzienser für kurze Zeit in die UNESCO-Weltkulturerbestätte zurück. *Klosterhof 5, 75433 Maulbronn, www.kloster-maulbronn.de/*

// Schon gewusst?

Das schwäbische Nationalgericht dachte sich ein Maulbronner Mönch aus, weil er auch in der Fastenzeit nicht auf Fleisch verzichten wollte – und es kurzerhand in Teig versteckte. Unbedingt probieren: Bruder Jakobs Maultaschen gibts im Lokal im Klosterhof.

1 Klosterruine Hirsau

Einer dieser Plätze, die etwas Magisches haben: Kloster Hirsau. Die Zeit wirkt angehalten, wäre da nicht die Glocke, die viertelstündlich erklingt. Klöster sind Orte, an denen der Alltag vergessen scheint. Inmitten der alten Gemäuer kann man im Kloster Hirsau an sechs Stationen diesen besonderen Lebensraum spüren. Jede Station steht bildhaft für die Sinnfragen des Lebens. Perfekt, um bei einem Spaziergang durch die alte Klosteranlage darüber nachzudenken.
Vom oberen Tor aus läuft man geradewegs auf den Brunnen zu. Linkerhand steht ein Häuschen mit einer weißen Bank davor. Dahinter im Garten: sechs riesige, jahrhundertealte Linden, deren Blüten im Frühsommer betörend duften. Auf den Stufen zum ehemaligen Altar sonnen sich Schmetterlinge; Bienen und Hummeln sammeln rege Nektar aus den Lindenblüten.

Schon vor 1000 Jahren war Hirsau nicht irgendein Kloster, sondern eins, in dem sich geistige und weltliche Macht verbanden. Das Kloster St. Aurelius wurde um 830 im damals noch weitgehend unbewohnten Nagoldtal gegründet – und verfiel einige Zeit später. Mitte des 11. Jahrhunderts baute man ein zweites, größeres Kloster daneben: St. Peter und Paul, eine der einflussreichsten Abteien im Römischen Reich.
Heute verwandelt sich der Kreuzgang der Klosterruine jeden Sommer in eine stimmungsvolle Kulisse für den Calwer Klostersommer, das beliebte Open-Air-Kulturfestival im Nordschwarzwald. *Wildbader Straße 2, 75365 Calw, www.klosterhirsau.de*

// Um die Ecke

Noch mehr Fotomotive gibt es gleich nebenan im romantischen Schweinbachtal mit dem steinernen Brückle. Einfach malerisch, wie sich der Bogen über den Bach spannt.

Klosterruine Hirsau – im Sommer eine besondere Kulisse für Open-Air-Konzerte

2 Münster Zwiefalten

Das Barockmünster »Unserer lieben Frau«, bis 1803 die Klosterkirche der Benediktinerabtei Zwiefalten, ist schon von Weitem zu sehen: Wie ein Leuchtturm ragt es aus dem kleinen Ort auf der Schwäbischen Alb heraus. Eines der bedeutendsten Bauwerke des Spätbarocks deutscher Prägung. Prachtvoll die beiden Türme, prachtvoll ist auch der Innenraum ausgestattet mit Stuckornamenten, herrlicher Deckenmalerei, schönem Chorgestühl und dem sehenswerten Kreuzaltar mit spätgotischem Gnadenbild – wahrlich ein Ort zum Innehalten und Staunen. Nach einer aufwendigen Renovierung erstrahlt das Münster wieder in seinem ursprünglichen Glanz. In dem geräumigen und akustisch erstklassigen Innenraum finden regelmäßig Konzerte mit geistlicher Musik statt.

Pilgern kann man hierher das ganze Jahr. Der Premiumwanderweg Hochgehpilgert führt durch lauschige Wälder mit grandiosen Ausblicken auf das Rental und ins Lautertal. Während man gemütlich vor sich hin schlendert und die Natur einen alles vergessen lässt, findet sich so mancher Schatz am Wegesrand. Beispielsweise die charmante Lourdesgrotte. Den schönsten Blick auf das Zwiefalter Münster hat man vom Aussichtspunkt in Gossenzugen am Ende der Tour.

Beda-Sommerberger-Str. 5, 88529 Zwiefalten, www.zwiefalten.de

// Vespertipps

Der »Bierhimmel« gegenüber dem Münster oder der Loretto Ziegenhof Zwiefalten mit eigener Holzofenbäckerei und Gartenwirtschaft.

Barock von außen, beeindruckend von innen: Münster Zwiefalten

3 Kloster Lorch

Auf einem Bergrücken im Remstal wollten die Staufer ihre letzte Ruhe finden und gründeten Kloster Lorch. Viele Gräber wurden es nicht, die einflussreiche Dynastie von Kaisern und Königen erlosch bald wieder. Doch mehr als 900 Jahre später hat dieser Ort nichts von seiner Anziehungskraft verloren. Ob's an der heiligen Reliquie lag, wer weiß das schon. Es heißt, Kloster Lorch habe einst ein Stück vom Kreuz Christi besessen, das selbst einen Feuertest unversehrt überstanden hätte. Heute beherbergt Kloster Lorch noch einige andere Schätze: die erste Bibel, die in Württemberg gedruckt wurde, über 500 Jahre alte Chorbücher oder eine Christusfigur am Kreuz mit beweglichen Armen, praktisch für Passionsspiele.

Ein Highlight der ehemaligen Bendediktinerabtei ist das Staufer-Rundbild im Kapitelsaal des Klosters – 30 Meter lang und 4,50 Meter hoch, zur 900-Jahr-Feier vollendet –, das die Geschichte der Staufer in ihrer Blütezeit erzählt. Was die Staufer zu einer besonderen Dynastie machte? Ihre Frauen. Auch wenn diese im Schatten der männlichen Herrscher standen, führten die starken Damen ganz diskret die Regie am Hof und verhalfen dem Adelsgeschlecht so zu höchstem Ansehen.

Klosterstr. 2, 73547 Lorch, www.kloster-lorch.com

Kreuzgang im Kloster Lorch

// Um die Ecke

Das Wäscherschloss in Wäschenbeuren – Paradebeispiel einer Stauferburg. Hier liegen die eigentlichen Wurzeln des Adelsgeschlechts. Dass der Stauferkaiser Barbarossa bei einer schönen Wäscherin die große Liebe gefunden haben soll, ist eine erfundene Geschichte. Aber eine schöne.

Affen in der Wilhelma

#Tierisch gut

6 Wilhelma Stuttgart

Sag niemals Zoo, das kommt in Stuttgart gar nicht gut an. Tiere leben schon hier am Neckarufer, mit mehr als 1200 Arten sogar mehr als anderswo, aber ursprünglich wurde die Wilhelma als Botanischer Garten angelegt, als König Wilhelm I. Anfang des 19. Jahrhunderts ein Badehaus plante. Noch heute ein kleines Paradies, vor allem im Frühling, wenn die prächtigen Magnolien blühen rund um den Seerosenteich im Maurischen Garten.

Tiere kamen erst 1949 dazu. Angefangen hat alles mit einer Aquarien-Schau. Andere Schauen folgten, die wilden Tiere blieben manches Mal einfach in der Wilhelma. Im Aquarium leben heute mehr als 600 Arten – vom Seepferdchen bis zum Krokodil, dazu Schildkröten, Schlangen und Frösche in den Terrarien.
Exotische Vögel und Äffchen tollen durch das dschungelartige Amazonienhaus. Asiatische Löwen, Jaguar und Leopard, sogar die seltenen Schneeleoparden leben heute ebenso in der Wilhelma wie Bären und Seelöwen.

Wilhelma 13, 70376 Stuttgart, www.wilhelma.de

// Gleich nebenan

Von der Anlegestelle gegenüber startet der Neckar-Käpt'n Bootstouren auf den Neckar. Fotos: Wilhelma Stuttgart

Die Alternativen

1 Alternativer Wolf- und Bärenpark

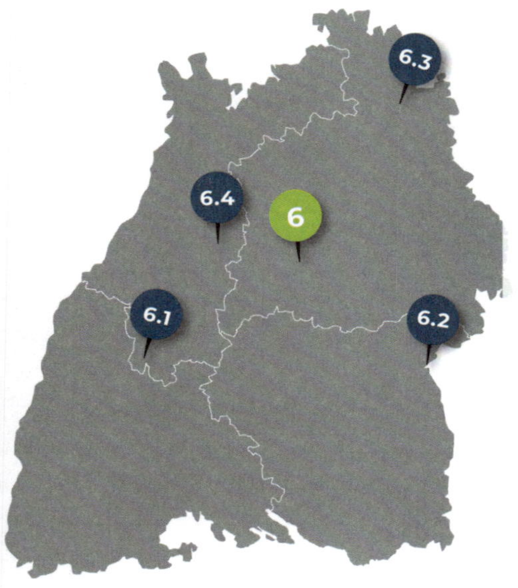

In ihrem früheren Leben arbeiteten sie im Zirkus oder sollten ein niedlicher Haustierersatz sein. Andere mussten, in Ketten gelegt, als Touristenattraktion für Selfies posieren.
Die meisten Bewohner im Alternativen Wolfs- und Bärenpark im Schwarzwald könnten davon Geschichten erzählen. Ziemlich traurige meist. Sie lebten weder artgerecht noch wurden sie gut behandelt. Doch sie hatten Glück und wurden gerettet. Heute entscheiden die Bären selbst, ob und wann sie sich zeigen.
Der Alternative Wolf- und Bärenpark ist kein Tierpark und erst recht kein Zoo. Auf rund zehn Hektar leben momentan acht Bären, ein Wolfsrudel und zwei Luchse.

Im unwegsamen Gelände, das der Wildnis so gut wie möglich nachempfunden ist, gibt es jede Menge Rückzugsmöglichkeiten und Abwechslung. Und für Besucher einen Rundweg um das große Gehege. Wer ein bisschen Geduld mitbringt, hat gute Chancen, die Wildtiere zu beobachten, wie sie planschen, raufen oder schnarchen.
Im Alternativen Wolf- und Bärenpark im Schwarzwald haben die Bären eine neue Heimat gefunden, ebenso wie Wölfe. Ein eigenständiges Leben in der Wildnis würde wohl keiner von ihnen mehr führen können und die Freiheit nicht lange überleben. Zwar sind sie auch im Schwarzwald nicht ganz frei, doch so artgerecht gehalten wie möglich, hier im Park finden sie einen würdigen Altersruhesitz.

Haben im Schwarzwald eine neue Heimat gefunden: Bären und Wölfe – im Tierschutzprojekt in Bad Rippoldsau-Schapbach

Gefüttert wird übrigens unregelmäßig und an verschiedenen Stellen, sodass die Tiere sich das Futter selbst suchen müssen. Ganz wie in der echten Wildnis. *Rippoldsauer Str. 36/1, 77776 Bad Rippoldsau-Schapbach, www.baer.de*

// Nicht verpassen

»Nacht der glühenden Augen« – spannende Tierbegegnungen in der Dämmerung, Termine unter www.baer.de

Im Tiergarten Ulm

2 Tiergarten Ulm

Wie cool ist das denn bitte? Ein Tunnel unter der Donau, durch den man hindurchspazieren und dabei den Fischen in die Augen sehen kann. Und »cool«, das darf man in Ulm ganz wörtlich nehmen. Denn im Aquarium, das heute Tiergarten heißt, leben vor allem heimische Kaltwasserfische.

Ganze 18 Meter lang und vier Meter tief ist das unterirdische Plexiglasbecken, in dem sich neben riesigen Karpfen auch Störe, Welse und Hechtdame Helga tummeln.

»Findet Nemo« heißt es nebenan im tropischen Meerwasserbecken: Anemonen-, Doktor- und Drückerfische haben hier eine neue Heimat gefunden, wenn auch hinter zehn Zentimeter dicken Scheiben. Was die Piranhas nebenan vielleicht bedauern, aber die mögen ja ohnehin lieber Süßwasser.

Grundsätzlich leben Raub- und friedliche Fische zusammen im Wasser. Wie das funktioniert? Rückzugsgelegenheiten und Verstecke für die einen sowie kontrollierte Fütterungen für die anderen mindern den Jagdtrieb. Die Tierpfleger mussten übrigens extra einen Tauchkurs absolvieren, bevor sie zu ihren Schützlingen durften.

Ein reines Aquarium ist der Tiergarten Ulm schon lange nicht mehr. Ein Tropenhaus und ein naturnahes Gehege, in dem aktuell einige Emus leben, komplettieren die Tierwelt an der Donau. *Friedrichsau 40, 89073 Ulm, www.tiergarten.ulm.de*

// Auch schön am Wasser

Das ehemalige Fischerviertel in Ulm mit alten Häusern und hübschen Cafés und Läden.

3 Wildpark Bad Mergentheim

Was tun, wenn plötzlich an die 30 Wölfe vor einem auftauchen? Gar nichts, einfach ruhig stehen bleiben und diesen einzigartigen Moment genießen. Passieren kann nichts, das derzeit wohl größte Wolfsrudel Europas lebt ja im Wildpark Bad Mergentheim.

Ihr typisches Verhalten in der freien Wildbahn haben sie dennoch nicht verlernt, beim Fressen gilt eine strenge Rangordnung, wie man aus sicherer Entfernung beobachtet. Und die Geier lauern schon? Nein, sie müssen nicht warten, ob etwas übrig bleibt, so wie draußen in der Wildnis. Wer sich traut, darf bei der Fütterung zusammen mit dem Tierpfleger direkt im Geiergehege zuschauen.

Bären, Weißkopfseeadler, Biber, Steinböcke, Elche oder Polarfüchse – im Wildpark lassen sich Tiere in ihrer natürlichen Umgebung beobachten, die man in der freien Natur nicht oder nur selten zu sehen bekommt. Die »zaunlosen« Gehege sind weitgehend dem jeweiligen Lebensraum der Tiere nachempfunden, Zäune sind oft unsichtbar in die Umgebung eingebunden, sodass man – soweit möglich – einander ohne Barriere gegenübersteht.

»Zurück in die Natur« heißt ein Angebot für kleine Abenteurer, bei dem Kinder mitten im Wald unter einfachen Bedingungen intensiven Kontakt zur Natur und zu Tieren erleben.

Wildpark 1, 97980 Bad Mergentheim, www.wildpark.de

// Nachts mit den Wölfen heulen

Wie ein Ranger in einer Trapperhütte im Wald übernachten – für alle, die einmal ein bisschen Wildnis schnuppern wollen, aber inklusive Frühstück, Dusche und persönlicher Akku-Ladestation.

Wolfsrudel im Wildpark Bad Mergentheim

Mit etwas Glück lässt sich im Pforzheimer Wildpark sogar der scheue Luchs beobachten

4 Wildpark Pforzheim

Schon einmal einen Luchs gesehen? In den Tiefen des Nordschwarzwaldes ist er seit ein paar Jahren wieder heimisch geworden, weiß sich aber gut zu verstecken und scheinbar lautlos zu bewegen. Im Wildpark Pforzheim ist die Chance ein kleines bisschen größer, das scheue Wildtier zu entdecken.

Seine Nachbarschaft ist richtig schön multikulti: Hirsche, Wildschweine, Esel, Eulen, Wildpferde, Fischotter, Rentiere, Steinböcke, Wisente, Elche und Lamas – etwa 400 Wildtiere und 70 verschiedene Arten leben im Hagenschieß-Wald oberhalb von Pforzheim. Gerangel ums Futter gibts nicht, jeder hat sein eigenes, großes Revier. Die besonders Mutigen unter den Bewohnern betrachten bettelnd jeden Zweibeiner als mobile Futterausgabestelle. Überwiegend erfolgreich, schließlich gibts am Eingang wildtiergerechte Leckerlis zu kaufen.

So ausgerüstet, lässt sich ein Spaziergang mit den Kleinsten zum entspannten Wochenend-Nachmittagsausflug ausdehnen. Statt: »Wie lange noch?« und: »Ich kann nicht mehr!« lenken Streichelzoo und Kinderbauernhof die volle Aufmerksamkeit auf sich. Und dass Fischotter nicht nur niedlich, sondern auch sehr geschickt sind, zeigen sie bei den Schaufütterungen mehrmals pro Woche.
Der Wildpark Pforzheim wurde 1968 gegründet. Wer dazu beitragen möchte, dass er auch kommenden Generationen erhalten bleibt, kann Tierpate werden.

Tiefenbronner Straße 100, 75175 Pforzheim, www.pforzheim.de

// Noch Zeit?

Direkt am Wildpark Pforzheim gibt es einen Baumlehrpfad, einen Klettergarten sowie einen Naturerlebnisgarten.

Avantgardistisch: Stadtbibliothek Stuttgart

#Neues Bauen

7 Stadtbibliothek Stuttgart

Was leuchtet nachts von außen blau und drinnen tagsüber schneeweiß? Der Kubus am Mailänder Platz in Stuttgart. Die vom koreanischen Architekten Ein Young Yi entworfene Stadtbibliothek gilt als Paradebeispiel für avantgardistisches Bauen – und ist mehr als ein Hingucker. Die Fassaden des 40 Meter hohen Würfels bestehen aus neun auf neun Meter großen, quadratischen Fassadenfeldern aus Sichtbeton und matten Glassteinen.

Zentrales Element im Inneren ist das sogenannte »Herz« der Bibliothek. Der vollkommen leere, sich über vier Geschosse erstreckende Raum präsentiert sich wie aus einem Guss, drumherum bietet das Gebäude auf über 11 500 Quadratmetern Platz für eine halbe Million Bücher und Medien. Und viel Raum für eine kleine Auszeit vom Alltag.

Mailänder Platz 1, 70173 Stuttgart, www.stadtbibliothek-stuttgart.de

// Musizieren in der Bibliothek

Noten kann man nicht nur ausleihen, sondern auch gleich vor Ort ausprobieren: im Klangstudio im 1. Stockwerk.

1 Literaturmuseum der Moderne Marbach

Manchmal sind die inneren Werte wichtiger als das Äußere. Beim Literaturmuseum der Moderne in Marbach ist das so. Hier ruht die Seele der deutschen Literatur. Da darf die Hülle nicht ablenken. Die Architektur muss sich zurücknehmen, aber schützen.
David Chipperfield ist das gelungen. Sein preisgekrönter Bau liegt wie ein Quader auf der Schillerhöhe, auf zwei Seiten spielen umlaufende Längsstreben mit Licht und Schatten und verleihen dem Museum viel Leichtigkeit. Drinnen die empfindlichen Papierexponate deutscher Dichter und Denker. Die Architektur setzt sie optimal in Szene: Beton, Glas und Holz. Die Räume selbst kaum mehr als Luft und Proportion. Und dämmriges Licht. Fragiles und Monumentales, Tages- und Kunstlicht, kühle und warme Materialien – eine Architektur der Gegensätze.

Nebenan: das Schiller-Nationalmuseum. Blendend weiß im Stil eines Herrenhauses und sehr repräsentativ für Deutschlands großen Dichter,

Preisgekrönter Bau von David Chipperfield: Literaturmuseum der Moderne in Marbach

der allerdings nie hier lebte. Erst seit Anfang des 20. Jahrhunderts, als sein Geburtshaus in der Marbacher Altstadt aus allen Nähten platzte, werden hier Teile seines Nachlasses, Briefe und persönliche Gegenstände ausgestellt. Ein Teil des Museums widmet sich zudem anderen deutschsprachigen Dichtern, darunter einige schwäbische. *Schillerhöhe 8–10, 71672 Marbach, www.dla-marbach.de*

// Literatur mit Spaßfaktor

Der Gedichte-Zufalls-Generator. Ein Knopfdruck und 40 Sekunden warten, dann rattern die Buchstaben (wie früher an der Abflugtafel am Flughafen), und Zeile für Zeile entsteht ein neues, einzigartiges Gedicht.

2 Stadthaus Ulm

Gewagt sieht es schon aus, vielleicht haben die Ulmer deshalb fast 100 Jahre miteinander gerungen, wie ihr Münsterplatz aussehen soll. Ein architektonisches Statement ist es geworden: auf der einen Seite das weltberühmte gotische Münster, das ehrwürdige Rathaus und der alte Marktplatz, und gegenüber das blütenweiße Stadthaus. Entworfen vom amerikanischen Architekten Richard Meier, der auch das Kunstmuseum in Baden-Baden gestaltete.

Die Gemüter haben sich beruhigt, und das markante Baukunstwerk ist heute nicht mehr wegzudenken aus dem Stadtbild.

Diskutiert wird drinnen immer noch: Das Stadthaus ist das Bürgerforum in Ulm. Mit einem täglich wechselnden Programm von Infoveranstaltungen, Konzerten, Lesungen und Vorträgen, Fortbildungen sowie Ausstellungen zeitgenössischer Fotografie, Architektur oder Stadtentwicklung – und zwar kostenlos für Einwohner und Besucher. Was könnte wohl besser passen an solch einen Ort.

Der Ausstellungsbereich erstreckt sich über drei Ebenen. Eine archäologische Dauerausstellung im Untergeschoss zeigt Relikte früheren Lebens am heutigen Münsterplatz und führt zu den Wurzeln unserer heutigen Gesellschaft. *Münsterplatz 50, 89073 Ulm, www.stadthaus.ulm.de*

// Auf dem roten Teppich parken

In der schönsten Tiefgarage der Republik. In der 2,80 Meter hohen Säulenallee, die einen roten Gang säumt. Der Clou der Tiefgarage aber ist das stauferzeitliche Gemäuer im Treppenhaus.

Fotogene Gegensätze: Ulmer Münster und Stadthaus

Puristisch: Peter-Krebs-Kirche in Karlsruhe

3 Kirchenzentrum Petrus Jakobus, Karlsruhe

Es ist einer dieser Orte, an denen man sich gleichermaßen behütet und frei fühlt. Der 2017 eingeweihte Neubau der Petrus-Jakobus-Kirche strahlt nicht nur schneeweiß in der Karlsruher Nordweststadt, sondern erfüllt gleich mehrere Ansprüche. Ein offenes Haus sollte es werden, kommunikativ, einladend, um einmal auf einen Kaffee hereinzuschauen. Aber auch ein Ort, der so sakral wirkt, wie Kirche sein will.

Auf den ersten Blick wirken Kirche und Gemeindehaus geschlossen, geeignet also, Schutz zu gewähren. Wer genauer hinschaut, bemerkt aber schnell, wie klug sich die beiden Gebäudeteile öffnen, wie sehr dieses Haus nach außen kommunizieren will.

Das ist gelungen. So gut, dass der Bau 2021 mit dem ältesten Architekturpreis in Baden-Württemberg ausgezeichnet wurde, der nur alle drei Jahre vergeben wird.

Der Neubau, den der Architekt Peter Krebs aus Karlsruhe am Walther-Rathenau-Platz errichtet hat, gehört zu den schönsten Sakralbauten der jüngeren Zeit, fast klösterlich anmutend sei das Ensemble, so lobte die Jury.

Im Inneren überrascht die Kirche mit verschwimmenden Raumgrenzen, indirektes Licht macht den Tageslauf spürbar. Weiße Wände, Kalksteinböden und eine Holzdecke verstärken diese Wirkung – puristisch und edel. Dass das Gebäude eine Kirche ist, merkt man kaum, ebenso gut könnte es ein Museum sein.

Ritterstraße 7, 76133 Karlsruhe

// Was außerdem lohnt

Botanischer Garten, Karlsruher Schloss und Durlach mit Turmberg (unbedingt mit der Zahnradbahn hinauffahren).

Kurvig: Mercedes-Benz-Museum

8 Mercedes-Benz Museum Stuttgart

Allein das Gebäude aus Aluminium und Glas ist eine Meisterleistung – Ecken und Kanten gibt es (fast) keine. Wie bei der Struktur der Doppelhelix einer DNA, an die die mehrfach ausgezeichnete Architektur erinnert.
Die DNA von Mercedes-Benz erschließt sich bei einer Zeitreise durch die 130-jährige Geschichte des Automobils. Zwei Rundgänge auf neun Ebenen führen in weiten Kurven durch die Ausstellung mit 160 Fahrzeugen, 1500 Exponaten, Fahrsimulatoren sowie der spektakulären Inszenierung einer Steilkurve mit senkrecht an der Wand präsentierten Rekordfahrzeugen als Finale.
Erzählt wird der Mythos der Marke, chronologisch von der Erfindung des Automobils 1886 bis zu den Rennen und Rekorden der Formel-1-Silberpfeile.
Ganz anders die »Collectionsräume«: Omnibusse und Taxis, Lastwagen, Feuerwehr- und Rettungswagen zeigen historische Mercedes-Benz-Fahrzeuge für Reisen, Transport oder Rettungsdienste.

Mercedesstraße 100, 70372 Stuttgart, www.mercedes-benz.com/museum

// Schiene statt Straße

Unweit liegt die Straßenbahnwelt Stuttgart – eine Ausstellung vom ersten Pferdebahnwagen von 1868 bis zur heutigen Stadtbahn.

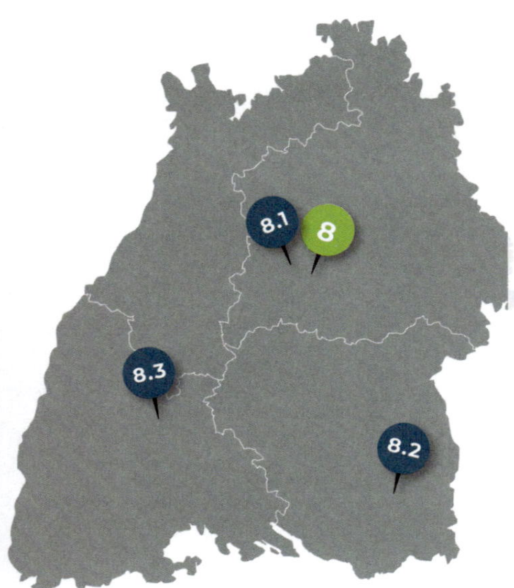

1 Porsche Museum Stuttgart

Klebt der tatsächlich kopfüber an der Decke? Gemeint ist der Porsche 956. Der historische Bolide diente als Versuchsträger für den legendären TAG-Turbo-Formel-1-Motor und wurde dazu eingesetzt, den bahnbrechenden »ground effect« zu erforschen. Durch Unterdruck saugt sich der Wagen dabei an der Fahrbahn fest. Anhand der Technik Form und Funktionen des wohl bekanntesten deutschen Sportwagens erklären – im Porsche Museum in Zuffenhausen gelingt das ziemlich smart. Ein Muss für Liebhaber der schwäbischen Flitzer ist es, die Entwicklung der Porsche-Design-DNA einmal hautnah zu erleben.

Die Palette reicht vom ersten 911er bis heute: Fast 100 Fahrzeuge und mehr als 80 Modelle zeigt die Ausstellung, darunter das Siegerauto des 24-Stunden-Rennens von Le Mans 1982. So außergewöhnlich wie die Sportwagen ist das

Die Porsche DNA hautnah erleben: mehr als 80 Modelle vom ersten 911er bis heute

Porsche Museum auch hinsichtlich seiner Architektur. Nach dem Rundgang lädt das gute Restaurant im Haus mit leckerem Essen und Wein zur Einkehr.

Ab Herbst 2022 zeigt eine Sonderausstellung den »Spirit of Carrera RS«. Der 911 Carrera war zu seiner Zeit der schnellste deutsche Serienwagen und der erste mit einem Heckspoiler, was ihm den Spitznamen »Entenbürzel« einbrockte. Übrigens: Das Erinnerungsfoto im Porsche-Modell fürs Familienalbum oder für Instagram ist beim Besuch inklusive.

Porscheplatz 1, 70435 Stuttgart-Zuffenhausen,
www.porsche.de/museum

// Gut zu wissen

Wer schon immer einmal selbst ans Steuer wollte – egal ob 911, 718, Cayenne, Macan oder Panamera, Porsche vermietet seine Sportflitzer bis zu 28 Tage lang.

Auch von außen außergewöhnlich: Porsche Museum in Stuttgart

2 Erwin Hymer Museum Bad Waldsee

Wer hat's erfunden? Dieses Mal die Engländer. Von Ochsen oder Pferden gezogene Wagen wurden auch vor vielen 100 Jahren schon zum Übernachten genutzt, vor allem von Schaustellern, fliegenden Händlern, Feldarbeitern oder Forschungsreisenden.
Die Idee, mit einem Wohnwagen zum Vergnügen übers Land zu reisen, entstand Mitte des 19. Jahrhunderts. 1885 ließ sich ein britischer Arzt ein prunkvolles Gefährt bauen, das von zwei Pferden gezogen wurde, und legte mit dem »Wanderer« im selben Jahr 2000 Kilometer nach Schottland zurück – ein neuer Trend war geboren, und die »Gentlemen-Zigeuner« gründeten 1907 den britischen Caravan-Club.

»Wanderniere«, »Kleiner Strolch«, »Immer daheim« oder das Trabi-Dachzelt »Villa Sachsenruh« – die Liebe der Deutschen zum mobilen Reisen sorgt in Bad Waldsee nicht nur für so manches Schmunzeln, gerade ältere Besucher erleben so einige Flashbacks.

Wohin wollen wir fahren? Über den steilen Alpenpass nach Italien oder lieber an die See? Den Hippie-Trail nach Indien oder gleich die Prärie Nordamerikas entdecken?
Eine fröhliche Parade von über 80 historischen Fahrzeugen aus aller Welt begleitet die Besucher auf ihrer Reise entlang der Traumrouten.
Robert-Bosch-Straße 7, 88339 Bad Waldsee,
www.erwin-hymer-museum.de

// Urlaubsgrüße für die Lieben daheim

Selfie-Stationen für die eigene Weltreise gibts an mehreren Stationen in der Ausstellung – und die Bilder am Ende ausgedruckt als echte Postkarte zum Verschicken.

Zeitreise durch die Geschichte des Wohmobils

*Von Autos und Zweirädern bis Uhren:
Technik- und Wirtschaftsgeschichte zum Anfassen*

3 Auto- und Uhrenmuseum »Erfinderzeiten« Schramberg

»Schau mal, genau in so einem Auto sind wir in den 1960er-Jahren als Kinder mit den Eltern nach Italien in die Sommerferien gefahren!« Freudige Erinnerungen sind garantiert. Jedenfalls dann, wenn man schon einige Jahre auf dem Buckel hat.

Mobile Zeitgeschichte auf 8000 Quadratmetern: Das Auto- und Uhrenmuseum »Erfinderzeiten« in Schramberg entführt in vergangene Tage und zeigt, was Pioniergeist, Erfindungsreichtum und kreative Tüftler in den letzten Jahrzehnten zustande brachten.

Technik- und Wirtschaftsgeschichte zum Anfassen. Nicht wörtlich gemeint, denn die einzigartigen Ausstellungsstücke und Raritäten sollen natürlich nur mit den Augen bestaunt werden.

VW-Käfer, BMW-Isetta oder Goggomobil: Kurzweilig sind Autos, Zweiräder und andere Exponate in ihre jeweilige Zeit versetzt und zeigen Alltagsszenen von damals – vom Wiederaufbau nach dem Krieg bis zur Volks-Motorisierung.

Zeit sollte man mitbringen, denn in Schramberg locken auch Eisenbahnen, Dieselmotoren und eine Autosammlung mit Nobelkarossen auf die Museumsmeile.

Gewerbepark H.A.U. 3/5, 78713 Schramberg, www.auto-und-uhrenwelt.de

// Zeitreise

In der obersten Etage des Museums dreht sich alles um die Geschichte der Uhren im Schwarzwald. Wie funktioniert eigentlich eine Kuckucksuhr? Wie sah die erste Funkarmbanduhr aus? Hier wird die Geschichte der einst großen Uhrenfabrik Junghans lebendig.

Schlossplatz bei Nacht

#Großstadtflair

9 Stuttgart

#Kessel und #Kehrwoche. Zwei Hashtags, eine Stadt. Aber ziemlich von gestern, die Schwabenmetropole darauf zu reduzieren. Stuttgart ist mittlerweile megacool. Am besten direkt am Schlossplatz starten und einfach treiben lassen: zum Schloss, Karlsplatz, Markthalle, ins Bohnenviertel mit engen Gassen, Fachwerk, Boutiquen und malerischen Innenhöfen. Den Namen verdankt das idyllische Quartier den Bewohnern, die im 15. Jahrhundert Kletterbohnen angepflanzt haben.

Eine andere Stuttgarter Sehenswürdigkeit ist die »Zacke«. Die Zahnradbahn fährt vom Marienplatz nach Degerloch hoch – das lohnt sich schon wegen des Blicks auf den Stuttgarter Kessel. Noch besser ist die Aussicht nur vom Fernsehturm.

www.stuttgart-tourist.de

// Nicht verpassen

Stuttgart hat sogar eine Seilbahn. Die historischen Holzwaggons fahren vom Südheimer Platz hinauf zum Waldfriedhof, weshalb die Einheimischen die Standseilbahn auch »Erbschleicherexpress« nennen.

Die Alternativen

1 Mannheim

»Wir treffen uns am Fluss.« Wer sich in Mannheim verabreden will, sollte genauer nachfragen, denn die Stadt im Nordwesten von Baden-Württemberg liegt an gleich zwei Flüssen – Rhein und Neckar.
Auch sonst ist Mannheim ein bisschen anders als andere Metropolen. Aus der Luft ähnelt die Innenstadt einem Schachbrettmuster. Und das täuscht nicht: Die Häuser sind quadratisch angeordnet. Straßennamen sucht man vergebens.
Die einzelnen Quartiere sind einfach durchnummeriert mit einer Buchstaben-Zahlen-Kombination. Das System ist einfach: Links vom Schloss aus gesehen beginnen die Quadrate mit dem Buchstaben A und hören am Neckar mit K auf. Rechts vom Schloss geht das Alphabet dann weiter mit L und endet mit den U-Quadraten. In E 5 liegt zum Beispiel das Rathaus.
Das macht es fast unmöglich, sich zu verlaufen. Einen Stadtbummel startet man am besten am Paradeplatz (D 1) mit seinen vielen Geschäften und Cafés, flaniert dann auf den Planken bis zum Wasserturm – oder stattet dem Luisenpark einen Besuch ab. Den schönsten Blick auf die Skyline von Mannheim offeriert dort die Aussichtsplattform auf dem Fernmeldeturm, das kulinarische Verwöhnprogramm dazu das Drehrestaurant in 125 Metern Höhe.

Gut gestärkt? Dann auf zum Museumsmarathon: Kunsthalle, Technoseum, Reiss-Engelhorn-Museen, Mannheimer Schloss, nach Versailles der größte Barockschlosskomplex Europas – Regentage sind hier garantiert kein Drama.
www.visit-mannheim.de

// Wenn es Abend wird

Urige Kneipen, kreative Bars und stylishe Szeneschuppen reihen sich in der Jungbuschstraße und den angrenzenden F-, G- und H-Quadraten.

Lebendige Stadt zwischen zwei Flüssen: Mannheim

Wasserturm mit Blick auf die Stadt

2 Karlsruhe

Einen Stadtrundgang in Karlsruhe beginnt man am besten am Schloss. Als nähme man einen Zirkel, würde ihn dort einstechen und einen Kreis ziehen, so breitet sich die Stadt wie ein Fächer vor einem aus.

Karlsruhe ist relativ jung, wurde erst vor 300 Jahren geplant nach den Vorstellungen des Markgrafen von Baden-Durlach: im Zentrum das Schloss, von dem aus die Straßen wie Sonnenstrahlen Richtung Süden zur Stadt führen. Das gefiel auch anderen so gut, dass sie dies kopierten. Als der US-Präsident Thomas Jefferson zu Besuch in Karlsruhe weilte, nahm er die Idee mit nach Washington, das unter anderem nach diesem Muster entstand.

Durch die zentrale Lage des Schlosses samt Schlosspark verfügt Karlsruhe über eine weitläufige, grüne Oase mitten in der Stadt, wie es selten geworden ist in unserer immer dichter bebauten Welt. Daher auch der Name: Karls Ruhe. Die Einheimischen nutzen die Wiesen im Park für ein Picknick mit Freunden oder radeln durch den Schlosspark.

Karlsruhe ist weniger dafür gemacht, eine Liste von Sehenswürdigkeiten abzuhaken. Herzukommen lohnt sich vielmehr wegen des Kulturangebotes, zum Beispiel den Schlossfestspielen, die jedes Jahr im Spätsommer stattfinden. Spannend ist auf jeden Fall auch der Besuch im ZKM, dem Zentrum für Kunst und Medien. www.karlsruhe-erleben.de

// *Perfekt zum Sonnenuntergang*

Mit der Standseilbahn von 1888 auf den Durlacher Turmberg fahren und bei einem Sundowner die Aussicht über die Rheinebene genießen.

Zentrum der Fächerstadt: Schloss Karlsruhe

3 Freiburg im Breisgau

Die Bächle ziehen sich durch die Schwarzwaldhauptstadt wie Adern. Lebenswichtig waren sie im Mittelalter tatsächlich – sie lieferten Trinkwasser für die Tiere und im Notfall Löschwasser aus dem Flüsschen Dreisam. Heute verleihen sie der Altstadtidylle aus dem 13. Jahrhundert rund um die Fischerau ein ganz besonderes Flair. Zum Brombeerstrauch, zum Dattelbaum – viele der Häuser sind mehr als 500 Jahre alt, vor allem hier rund um die Insel. Dort sitzt es sich besonders schön in einer der Gartenwirtschaften: Das architektonische Gegenstück steht auf dem Campus der Universität: die Bibliothek. Ein spektakulärer Bau, der mit seiner Form eher an einen geschliffenen Diamanten als an ein Haus erinnert.

Nicht nur architektonisch ein Muss ist das Münster. Die gotische Kirche ist in bester Gesellschaft. Rund um den Münsterplatz reihen sich weitere Bauten im selben Stil wie das prachtvoll verzierte alte Rathaus oder die Alte Wache, wo man eine Auswahl badischer Weine genießen kann. Keines falls verpassen sollte man den Blick vom Schlossberg, dem beliebtesten Aussichtspunkt von Freiburg. Hoch kommt man entweder mit der Schlossbergbahn vom Stadtgarten aus oder zu Fuß. Direkt hinter dem Schwabentor beginnt der Weg hinauf zum Kanonenplatz, anfangs ein wenig schweißtreibend, doch der Biergarten sorgt für Akklimatisation. Wer noch höher hinaus will, läuft die Runde weiter bis zum Schlossbergturm. visit.freiburg.de

Historisches Kaufhaus am Münsterplatz

// Unbedingt probieren

Eine »nackte Weiße« auf dem Wochenmarkt am Münster. Die Kalbswurst ohne Haut wird stilecht mit geschmälzten Zwiebeln im Weckle gegessen.

Prächtige Kulisse für den Weihnachts- und Mittelaltermarkt: Fachwerkhäuser am Marktplatz

#Weihnachts-zauber

10 Mittelaltermarkt Esslingen

Über Nacht wird die Zeit zurückgedreht. Und zwar 600 Jahre. Jedes Jahr am Dienstag vor dem ersten Advent ziehen in Esslingen die Feuerschlucker, Gaukler, Musikanten und Märchenerzähler ein. Der Weihnachts- und Mittelaltermarkt beginnt vor der Fachwerkkulisse der Altstadt. Zinngießer, Steinmetz, Schmied, Besenbinder, Löffelschnitzer, Filzer und Scherenschleifer gehen ihrem Handwerk nach. Über allem liegt der Geruch von Holzkohlenfeuer und exotischen Gewürzen, von Gesottenem und Gebratenem. Wer will, badet im Zuber, übt sich im Bogenschießen, Singen oder Tanzen – Mittelalter zum Mitmachen.

Was die Zukunft so mit sich bringt, liest Wahrsagerin Athena den Besuchern aus der Hand. Gut möglich, dass man anschließend erst einmal einen kräftigen Schluck Gewürzwein braucht. Den gibts in der Taverne zum wilden Hahn, angeblich soll der heiße Hypocras nicht nur wohltuend und heilend sein, sondern auch aphrodisierende Kräfte haben.

Mitmachzirkus, Puppen- und Schattentheater oder eine Fahrt auf dem kleinsten handbetriebenen Riesenrad der Welt lassen auch Kinderaugen leuchten.

Wer lieber auf dem traditionellen Weihnachtsmarkt bummelt: Auf dem Marktplatz und am Postmichelbrunnen findet man Weihnachtsdekoration, Strickwaren oder Kunsthandwerk für jeden Geschmack und Geldbeutel.

www.esslingen.de

// Unbedingt probieren

Ein Glas Kessler-Sekt in Deutschlands ältester Sektkellerei, direkt am Marktplatz von Esslingen.

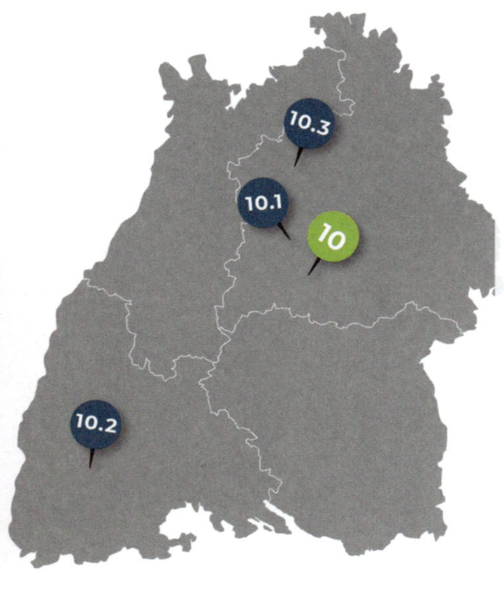

1 Barockweihnachtsmarkt Ludwigsburg

Allein die Kulisse! Der barocke Marktplatz mit seinen Arkaden und den schmucken Bürgerhäusern in Pastell – entworfen vom italienischen Baumeister Frisoni.
Im Advent dann: Tausende Lämpchen und bunte Papiersterne. Über den Dächern der weihnachtlich geschmückten Buden schweben Engel, ihre glitzernden Flügel anmutig ausgebreitet, fast vier Meter hoch sind sie. Und die beiden Barockkirchen erstrahlen im festlichen Glanz.

Mehr als 180 Aussteller laden auf dem Ludwigsburger Barockweihnachtsmarkt zum Bummeln und Stöbern ein. Besonders schön: Man findet hier noch das Besondere – Kunsthandwerk und Selbstgemachtes aus Manufakturen.
Winzer-Glühwein wärmt Hände und Seele, an den Ständen dampft und brutzelt alles, was die schwäbische Küche hergibt: Schupfnudeln, Rote Wurst oder Dinnete. Geschlemmt wird aber auch

Himmlisch schön: Barockweihnachtsmarkt Ludwigsburg

international: Lachs frisch geräuchert, Südtiroler Spezialitäten oder orientalische Süßigkeiten. »Barock« nennt der Ludwigsburger Weihnachtsmarkt sich übrigens nicht nur wegen der Bauten am Marktplatz. Die einzelnen Stände sind geometrisch angeordnet – wie der Garten am Residenzschloss.
visit.ludwigsburg.de

// Bester Foto-Spot

Vom Turm der Stadtkirche. Führungen werden unregelmäßig und kurzfristig am Eingang am Südturm angekündigt.

Klein, aber sehr stimmungsvoll: Weihnachtsmarkt in der Ravennaschlucht

2 Ravennaschlucht

Ein lautes »Tuuuut«, dann rattert es ordentlich. Im bunten Lichternebel rauscht jedoch nicht der Weihnachtsmann mit seinem Schlitten über das Ravenna-Viadukt, sondern die Höllentalbahn. Schon im Sommer ist die Ravennaschlucht ein wildromantischer Ort.
In der Adventszeit gesellt sich zu dieser einzigartigen Atmosphäre der Duft von frisch gebackenen Waffeln und gebrannten Mandeln. Rauchschwaden von Schwedenfeuern ziehen durch die riesigen Steinbögen der 90 Jahre alten Brücke und mischen sich mit der klaren Winterluft.

Rund 40 Buden sind zu einem Weihnachtsdorf aufgestellt und sorgen für himmlische Weihnachtsmomente mit Unikaten aus Holzhandwerkskunst, Skulpturen, Schmuck oder Naturkosmetik.

Verführerisch steigen kulinarische Düfte in die Nase: Schwarzwälder Schinken, Schupfnudelpfanne, Krautknöpfle mit Speck, geräucherte Lachsforellen, Wildschwein am Spieß und Käse aus der Region oder Bauernraclette verwöhnen den Gaumen an den vier Adventswochenenden.

Wenn dann noch Schneeflocken vom Himmel fallen, ist das märchenhafte Ambiente nicht mehr zu überbieten und Weihnachten ganz nah.

www.hochschwarzwald.de/weihnachtsmarkt

// Ganz viel Romantik

Gibt es bei den geführten Fackelwanderungen vom Kurhaus Hinterzarten durchs Löffeltal hinab zum Weihnachtsmarkt in der Ravennaschlucht.

Festlich beleuchtetes Viadukt über der Ravennaschlucht

Romantik pur: Altdeutscher Weihnachtsmarkt in Bad Wimpfen

3 Altdeutscher Weihnachtsmarkt Bad Wimpfen

Weihnachtswunderland? Das ist auf keinen Fall übertrieben, wirklich zauberhaft drängen sich mehr als 100 liebevoll geschmückte Büdchen und Stände zwischen Rotem Turm, Blauem Turm und Altem Spital. Der Altdeutsche Weihnachtsmarkt in Bad Wimpfen ist tatsächlich „alt" und heißt nicht nur so: 1487 verlieh Kaiser Friedrich III. der damaligen Reichsstadt das Marktprivileg.

In den Gassen mischt sich an den ersten drei Adventswochenenden der Duft von Tannengrün und Bienenwachskerzen, Glühwein, gegrillten Bratwürsten, gebrannten Mandeln und gerösteten Maronen mit diesem heimeligen Gefühl, das die Adventszeit so besonders macht. Und spätestens, wenn abends die Lichter angehen, auch mit einer großen Portion Romantik.
Auf der Suche nach kunsthandwerklichen Geschenken für die Lieben wird man hier fündig. Zwischendurch klingen von der Bühne weihnachtliche Melodien. Christkind und Nikolaus schauen vorbei. Wer möchte, dreht eine Runde mit dem Nachtwächter durch die mittelalterliche Stadt oder labt sich im Genießerdorf im Wormser Hof an allerlei Leckerem. Fehlt nur noch der leise rieselnde Schnee, der die Dächer glitzernd weiß zuckert. Dann wird der Griff nach dem Handy zwingend, um diese Bilderbuchidylle mit der Welt zu teilen.

Altdeutscher Weihnachtsmarkt Bad Wimpfen, Öffnungszeiten: 1.–3. Adventswochenende, kostenpflichtige Parkplätze am Bahnhof und in der Corneliastraße, weihnachtsmarkt-badwimpfen.de

// Ruhig angehen lassen

Mehr Besinnlichkeit versprechen die Krippenausstellung und die heiligen Messen und Vesper-Gottesdienste der Pfarrkirchen und der Ritterstiftskirche St. Peter im Tal.

Abwechslungsreich wie kaum ein anderer: der Neckartalradweg

#Flussradeln

11 Neckartalradweg

Das ist das Schöne am Flussradeln: Es ist kein bisschen anstrengend. Wenn man mit dem Strom fährt, gehts meist leicht bergab. Eine echte Genusstour.
Und mehr Abwechslung als der 374 Kilometer lange Neckartalradweg bietet kaum einer: Moor (Schwenninger Moos), Mittelalter und Aussichtsturm (Rottweil), Burg (Neckarzimmern), Weinsteillage (Gundelsheim und Lauffen) oder Barockschloss (Mannheim).
Zwischen Villingen-Schwenningen und Mannheim wartet eine Flusslandschaft, die mehr Kontraste kaum bieten könnte.
Welche Etappe die schönste ist? Es kommt drauf an, wie viel Zeit man sich nimmt. Tagesausflügler könnten beispielsweise in Stuttgart-Obertürkheim starten und bis Marbach radeln. Wer vor 15 Uhr dort ist, kann samt Rad mit dem Schiff zurückfahren.

370 Kilometer von Villingen-Schwenningen bis Mannheim, z. B. in acht Etappen, www.neckartalradweg-bw.de

// Tolle Foto-Spots

Mehr als 200 Fachwerkbauten aus dem 13. bis 16. Jahrhundert in der Esslinger Altstadt, darunter Deutschlands älteste Fachwerkzeile.

Die Alternativen

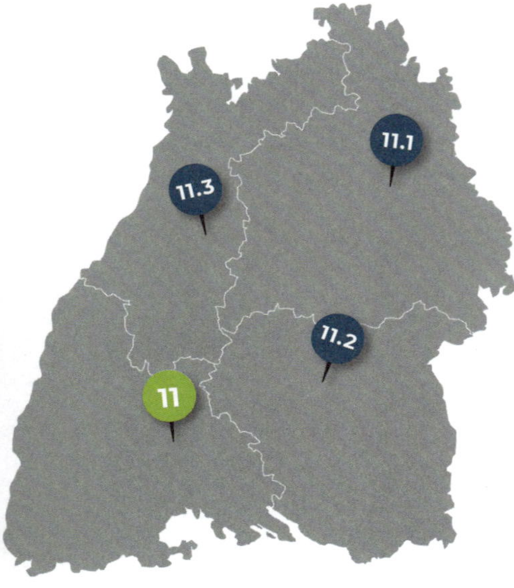

1 Kocher-Jagst-Radweg

Den einen Fluss runterradeln, den anderen wieder hinauf – durchs Kochertal, Heilbronner Land, Jagsttal und auf die Ostalb. Das ist der Kocher-Jagst-Radweg, für viele noch ein echter Geheimtipp.
Die 332 Kilometer lange Runde durch die zwei Flusstäler ist gespickt mit Burgen, Schlössern, romantischen Städtchen mit Gelegenheiten für zünftige »Veschber« – und viel unberührter Natur.

Wer der offiziellen Route folgt, startet in Aalen und radelt kocherabwärts über Schwäbisch Hall und Künzelsau bis zur Neckarmündung. Nördlich von Heilbronn münden die beiden Zwillingsflüsse in den Neckar. Von nun an geht der Rückweg bergauf durch das idyllische Tal der Jagst. Sehenswert hier: Schloss Jagsthausen, Kloster Schöntal mit seiner Barockkirche aus dem 12. Jahrhundert, Crailsheim und natürlich Ellwangen, dessen Altstadt mit farbenfrohen Giebelhäusern überrascht. Dank zahlreicher Querverbindungen kann sich jeder seine individuelle Strecke zusammenstellen.
www.kocher-jagst.de

// Unbedingt probieren

Silvaner und Schwarzriesling von den Weinbergen am Kocher.

Reich an historischen Bauten: Kocher-Jagst-Radweg

Wie verzaubert: Etappe durch das Eselsburger Tal

2 Albtäler-Radweg

Acht Täler auf fünf Etappen in drei Tagen – mehr Abwechslung als der Albtäler-Radweg bietet kaum einer. Die vom Allgemeinen Deutschen Fahrradclub mit vier Sternen ausgezeichnete Tour führt auf 186 Kilometern über die Schwäbische Alb und deren schönste Täler: Lone-, Donau-, Brenz- und Eselsburger Tal, Roggen-, Eyb-, Fils- und Hasental.

Felsen, Wacholderheiden, geheimnisvolle Höhlen und Burgen machen die Radtour zum echten Abenteuer. Darüber hinaus verführen idyllische Städtchen und urige Albdörfer Genussradler zu einem Stopp.

Wer die ganze Runde fährt, hat am Ende stolze 1450 Höhenmeter gemeistert – mit einem E-Bike aber gar kein Problem. Außerdem liegen zwei Thermalbäder am Weg, in denen die Muskeln entspannen können.

In drei Tagesetappen ist der Radfernweg gut zu schaffen. Theoretisch. Denn am Weg liegen so einige Highlights, denen man durchaus etwas mehr Zeit widmen sollte: Die Eiszeithöhlen im Lonetal beispielsweise, wo man mit allen Sinnen in die Steinzeit eintauchen kann. In der Vogelherdhöhle wurden die ältesten bislang bekannten Kunstwerke gefunden.

Sagenumwoben ist auch das Naturschutzgebiet Eselsburger Tal mit seinen markanten Weißjurafelsen und den »Steinernen Jungfrauen«. Das unter Naturschutz stehende Brenztal zählt zu den landschaftlich großartigsten Flusstälern auf der Ostalb. Und die Laichinger Tiefenhöhle heißt nicht nur so: Steile Treppen führenbis zu 55 Meter in die Tiefe, das ist einzigartig.

Gesamtstrecke: 186 Kilometer,
www.albtaeler-radtour.de

// Mit Volldampf

Von Mai bis Oktober sowie im Dezember fährt der historische Dampfzug »Alb-Bähnle« von Amstetten nach Oppingen und zurück.

Kloster am Nagoldtalradweg bei Wildberg

3 Nagoldtalradweg

Flussabwärts ganz entspannt dem rauschenden Wasser folgen. Steigungen? Nicht der Rede wert. Die herrliche Landschaft im Nagoldtal ist es aber durchaus. Diese Biketour durch den Nordschwarzwald verwandelt selbst ausgesprochene Radmuffel in Drahtesel-Enthusiasten. Natürlich könnte man die knapp 100 Kilometer von der Nagoldquelle bis zur Mündung in die Enz locker in einem Ritt schaffen. Mit einem E-Bike sowieso. Doch das wäre schade, denn dann hätte man kaum einen Blick für die schöne Landschaft im Nagoldtal übrig.
Wem eine Zweitagestour aber zu lang ist, der pickt sich einfach ein besonders schönes Teilstück heraus. Ein solches Best-of findet sich zwischen Nagold und Bad Liebenzell. Mit schlappen 40 Kilometern und einer geschätzten reinen Fahrzeit von etwa drei Stunden auch für Ungeübte viel Radelspaß.

Beim Tourstart im hübschen Fachwerkstädtchen Nagold folgt man der bestens ausgeschilderten Route zunächst durch den Stadtpark Kleb hinaus aus der Stadt. Mal links, mal rechts des Flusses kommt nach knapp zehn Kilometern durch die malerische Schwarzwaldlandschaft Wildberg in Sicht. Zeit für einen Stopp im Kloster Reuthin. Nächstes Ziel: die Hesse-Stadt Calw. Ein Literaturspaziergang führt zu markanten Orten dort. Über Hirsau (an eindrucksvollen Klöstern mangelt es im Nordschwarzwald wirklich nicht) erreicht der Nagoldtalradweg schließlich Bad Liebenzell. *Gesamtstrecke: 95 Kilometer von Urnagold-Besenfeld bis Pforzheim, Fahrplanauskünfte auf: www.efa-bw.de*

// Nach der Tour

Müde Waden freuen sich über das wohlig warme Thermalwasser in der Paracelsus-Therme in Bad Liebenzell.

Brücke über die Nagold

Murgtal bei Gernsbach

#Roadtrip mit Ausblick

12 Schwarzwaldhochstraße

Wer unbedingt will, schafft die 65 Kilometer auf der B 500 in weniger als zwei Stunden. Doch: Wer will das schon? Viel besser: zwei Tage einplanen, so viel gibt es zwischen Baden-Baden und Freudenstadt im Schwarzwald zu erleben.

Zum Beispiel am Mummelsee. Klar, man ist selten allein dort, doch ein paar Meter weiter hinauf zur Hornisgrinde auf 1164 Metern laufen die wenigsten. Und von dort ist der Blick auf den See einmalig. Der tiefste und auf 1029 Metern zugleich der höchstgelegene Karsee – sagenhaft schön.

Im mondänen Baden-Baden rollt seit 200 Jahren die Roulettekugel, und kulinarisch findet sich auf der Schwarzwaldhochstraße von Hüttenvesper bis Sterneküche für jeden Geschmack etwas.

Wo 1999 ein Orkantief mit bis zu 272 Stundenkilometern alles zerlegte, was im Weg war, zeigt heute der Lotharpfad, wie sich die Natur nach einem Sturm ohne menschliches Eingreifen entwickelt.

65 Kilometer zwischen Baden-Baden und Freudenstadt, www.schwarzwald.com

// Nicht verpassen

Nationalparkzentrum Schwarzwald an der Passhöhe Ruhestein. Interaktive Ausstellung zum Wald und spannende Architektur – wie übereinandergeworfene Baumstämme fügt sich der Bau in die Umgebung ein.

Die Alternativen

1 Bodensee-Nordufer-Tour

Warum für einen Ort entscheiden, wenn man (fast) alle haben kann? Am Bodensee fällt die Wahl wirklich schwer, wo es nun am schönsten ist – perfekt für einen Roadtrip. Man hält, wo es einem gefällt. Genießt den Blick auf den See, bei klarem Wetter grüßt auf der Schweizer Seite ein beeindruckendes Alpenpanorama.
Zwar nicht mehr in Baden-Württemberg, befindet sich der wohl schönste Hafen in Lindau, wo der Bayerische Löwe ganz majestätisch in der Einfahrt den Leuchtturm bewacht – ein idealer Startpunkt für einen Roadtrip am deutschen Ufer des Bodensees.
Nach einem Bummel durch die pittoreske Altstadt auf der Insel gehts weiter nach Wasserburg. Auf der Terrasse des Schlosshotels kann man nicht nur feine regionale Küche genießen, sondern auch einen wunderbaren Sonnenuntergang.

Nächster Stopp: Friedrichshafen. Nicht nur Technikfans begeistert das Zeppelin Museum am Hafen, noch mehr Wissenswertes rund um die Fliegerei präsentiert das Dornier-Museum am Airport.

Hafenpromenade in Lindau am Bodensee

Blick auf den Meersburger Hafen

In Immenstaad, Hagnau und Meersburg ist Wein angesagt, der an den Hängen am See unter idealen Bedingungen reift. Tipp: Spätburgunder Rosé probieren.
Meersburg lockt mit seiner 1000 Jahre alten Burg und dem Neuen Schloss, das herrschaftlich hoch über dem Hafen thront. Von hier fahren Schiffe zur Insel Mainau und nach Konstanz, das mit mediterranem Flair lockt.

www.bodensee.eu

// Den Bodensee erleben und sparen

Ganze 160 Aktivitäten in drei Ländern und einem Fürstentum sind in der Bodensee-Card plus inklusive, unter anderem Fahrten mit dem Linienschiff, Eintritte für Museen und Ausflugsziele oder Bergbahnen. Der Clou: Die drei oder sieben Geltungstage sind frei wählbar innerhalb eines Jahres.

2 Badische Weinstraße

Hängt der Besen am Eingang, zeigt nicht etwa jemand, dass er es besonders gründlich meint mit der Kehrwoche. Vielmehr signalisiert das, dass die Straußwirtschaft geöffnet hat. So heißen die kleinen Lokale, in denen die Winzer servieren, was im eigenen Weinberg wächst, dazu gibts kleine herzhafte Gerichte. Und dafür sollte man unbedingt Zeit einplanen.

Überhaupt gilt: Der Weg ist das Ziel. Die Tour durchs »Burgunderland« verheißt Postkartenidylle – Winzerdörfer mit malerischen, verwinkelten Gassen, imposante Ausblicke auf Terrassenweinberge und sonnenverwöhnte Täler. Dazwischen liefern spektakuläre Architektur-Highlights mit modernen Vinotheken einen spannenden Kontrast zu den urigen Weinwirtschaften am Weg.

Es lohnt sich, auch einmal auszusteigen und ein Stück auf einem der Weinpanoramawege zu wandern oder eine Runde mit dem Rad zu drehen.

Wie an einer Perlenkette reihen sich idyllische Dörfer, Fachwerkorte und Städte an der Badischen Weinstraße: Weil am Rhein mit dem Vitra-Design-Museum, Freiburg und Breisach am Rhein mit ihren imposanten Münstern, das malerische Gengenbach, Schloss Staufenberg in Durbach, das mondäne Baden-Baden mit dem Kunstmuseum Frieder Burda und einem Hauch von Belle Époque bis Karlsruhe und weiter nach Heidelberg.

Im Sommer locken die Weinorte mit Festen, im Herbst der Farbenrausch im Weinberg zum Wandern. Doch auch im Winter erscheint die Badische Weinstraße sehr reizvoll mit ihren Burgen, Schlössern und Museen in Deutschlands schönster Genießer-Ecke. *500 Kilometer von Weil am Rhein bis Heidelberg, Tourplanung und Highlights unter www.badische-weinstraße.de*

// Gern sportlicher unterwegs?

460 Kilometer Genuss, acht Etappen, fünf Schwarzwaldregionen, ein Weg: Schöner lässt sich Radeln und Wein nicht kombinieren als auf dem Badischen Weinradweg.

Farbenrausch in den Weinbergen der Ortenau, unterhalb von Schloss Staufenberg

3 Idyllische Straße – Schwäbischer Wald

Die Idyllische Straße zieht sich durch den Schwäbisch-Fränkischen Wald und kreuzt dabei vier Landkreise. Seit 1967 gibt es die Ferienstraße bereits, die anlässlich ihres Faceliftings 2018 nicht nur neue Schilder und Strom-Ladesäulen, sondern auch den Namen »Route 51« erhalten hat. Rund 220 000 Euro haben die 24 teilnehmenden Kommunen sich das kosten lassen, um mehr Gäste in den Schwäbisch-Fränkischen Wald zu locken.

Wer denkt, die Idyllische Straße kann nur Wald, irrt. Erstaunlich vielseitig zeigen sich die insgesamt 180 Kilometer mit knapp 100 Sehenswürdigkeiten an der Strecke: von Prunkschlössern bis Landleben ist alles dabei, meist abseits der touristischen Trampelpfade.
Der Name aber ist Programm. Idyllisch wirkt die Landschaft mit Wäldern, Schluchten und Streuobstbäumen. Die saftigen Wiesen entlang der Straße erinnern ans Allgäu. Das macht Lust zum Wandern, weshalb die offizielle Karte zur Route 24 Vorschläge für Rundwanderungen an der Strecke enthält. Entspannen kann man anschließend am Ebnisee bei Kaisersbach, wo mehrere Biergärten zur Einkehr verführen.
www.schwaebischerwald.com

// Für Aktive

Die Idyllische Straße gibts auch als 116-Kilometer-Radversion.

Klingenmühle

Beliebtes Ausflugsziel: Ebnisee

Das Nationalparkzentrum am Ruhestein liegt im Naturpark Schwarzwald Mitte/Nord, dem größten in Deutschland

#Naturrausch

13 Naturpark Schwarzwald (Mitte/Nord)

Kristallklar sprudelnde Wildbäche, geheimnisvolle Hochmoore, eiszeitliche Karseen, herrlich grüne Wiesentäler – und natürlich viel, viel Wald. Kaum eine Region ist abwechslungsreicher als der größte Naturpark Deutschlands.
Mittendrin: das neue Schwarzwald Nationalparkzentrum am Ruhestein. In der interaktiven Ausstellung taucht man mit allen Sinnen ein in den Wald, lernt seine Bewohner kennen, kommt sogar dem Wolf ganz nah. Später gehts noch tiefer, unter die Erde. Dort ist kein Leben? Mitnichten.

Noch schöner ist's nur draußen im Schwarzwald selbst. Auf den Naturpark-Radwegen oder den AugenBlick-Runden beim Wandern. Und bei den Naturpark-Wirten kommt Genuss auf den Tisch.
www.naturparkschwarzwald.de

// Genuss-Tipp

Den Schwarzwald schmecken kann man auf den wechselnden Naturpark-Märkten von Mai bis Oktober.

Die Alternativen

1 Naturpark Obere Donau

Der Vergleich hinkt schon ein wenig, denn der Schwäbische Canyon, wie das Donautal auch genannt wird, ist viel grüner als das große Vorbild in Arizona. Die anderen Attribute des Grand Canyon stimmen aber auch hier: atemberaubend, wildromantisch, bildschön.

Schroff ragen die Kalkfelsen der Schwäbischen Alb an der noch jungen Donau in den Himmel. Ein Fest für Kletterer. Wer stattdessen gern auf dem Wasser flussabwärts rauscht, treibt an der spektakulären Kanurutsche Laiz den Adrenalinspiegel ordentlich nach oben.

Radlerherzen schlagen auf dem Donauradweg höher. Von Donaueschingen bis Sigmaringen fährt man naturnah vom Ursprung bis zum Durchbruchstal – das »Filetstück« sozusagen. Zu sehen gibts reichlich: Burgen, Schlösser oder das imposante Kloster Beuron, etwas Zeit gehört also definitiv ins Gepäck.

Aber auch der Schaukelweg entlang der Donau zwischen Sigmaringen und Laiz oder der FlowPark für Hobby-Biker sorgen für echte Outdoorabenteuer.

Blick vom Knopfmacherfelsen bei Sonnenaufgang

Auf Wanderer warten mit den DonauFelsen-Läufen fünf bestens ausgeschilderte Premiumwanderwege oder die berühmten DonauWellen – sechs Sahnestückchen, bei denen garantiert nichts auf den Hüften landet. Selbst wenn man den Mund gar nicht mehr zubekommt vor lauter Staunen ob der grandiosen Aussicht.
naturpark-obere-donau.de

// Unbedingt probieren

Donauwelle als Kuchen? Gibts im Berghaus Knopfmacher – Betten ebenfalls.

Morgenstimmung am Birkensee

2 Naturpark Schönbuch

Nur die Birken verraten, dass sich im Schönbuch ein Moor versteckt, so mitten im Wald. Und groß ist das Feuchtgebiet rund um den Birkensee auch nicht. Aber bezaubernd schön. Wollgras, Moosbeeren, Sonnentau und Torfmoose wachsen hier. Auf dem Bohlenweg spazieren, der von Heidekraut gesäumt ist, das auf den kleinen, trockenen Inseln im Moor gedeiht – wer unter der Woche kommt, hat diese Idylle oft für sich allein.
Das gilt auch für eines der schönsten Täler im Naturpark Schönbuch: das Goldersbachtal. In den Auen rund um die Teufelsbrücke stehen prächtige alte Kastanienbäume, die besonders den Hirschen munden und in den feuchten Streuwiesen blühen vereinzelt schon wieder Orchideen.

Nicht minder reizvoll zeigt sich das Schaichtal ab Dettenhausen. Bäche mäandern durch die Schönbuchwälder, im Sommer blühen Seerosen, und mit etwas Glück lassen sich Eisvögel, Feuersalamander oder Wasseramseln blicken. Damwild, Rotwild, Schwarzwild oder Mufflons dagegen leben in verschiedenen Schaugehegen im Schönbuch. Spezielle Besucherkanzeln

bieten beste Aussicht auf die Wildtiere – besonders schön im Frühling, wenn die Wildschweine mit ihren Frischlingen durch den Wald streifen, oder zur Brunftzeit der Hirsche im Herbst.
www.naturpark-schoenbuch.de

// Den Schönbuch aus der Vogelperspektive erleben?

Das geht auf dem Schönbuchturm oberhalb von Herrenberg. Wer die 170 Stufen auf nicht ganz wackelfreie 35 Meter Höhe hochsteigt, wird mit einem tollen 360-Grad-Panoramablick belohnt.

Rastbank im Schönbuch

Eine Landschaft wie verwunschen: Feenspuren-Wanderweg

3 Naturpark Schwäbisch-Fränkischer Wald

Was darf es sein: Streuobstwiesen, bunt und blühend? Schluchten, geheimnisvoll und abenteuerlich? Wälder, dunkel und rauschend? Oder alles auf einmal?
Dann ab in den Schwäbisch-Fränkischen Wald, der südlich von Öhringen beginnt und sich von Hohenlohe bis zum Ostalbkreis und Rems-Murr-Kreis erstreckt. Sogar Wein wächst im Naturpark, in den wärmeren Lagen rund um Löwenstein, Bretzfeld und Pfedelbach.
Typisch für den Schwäbisch-Fränkischen Wald sind die sogenannten Klingen. Als vor rund 230 Millionen Jahren das Meer verlandete und das Wasser sich tief in den Keuperboden geschnitten hat, entstanden unzählige Klingen, Grotten und Schluchten wie die Wieslauf- und die Edenbachschlucht, die Hörschbachschlucht, die Hägelesklinge, die Bodenbachschlucht oder die Hüttlenwaldschlucht – perfekt für ein kleines Abenteuer.

Beschaulicher gehts entlang von Flüssen und Bächen durch den Schwäbischen Wald: Auf 37 Kilometern ab Welzheim verbindet der Mühlenwanderweg 13 der schönsten Mühlen, kürzere Rundtouren sind möglich.

Noch bequemer lässt sich der Schwäbisch-Fränkische Naturpark mit der Bimmelbahn erkunden. Seit 1911 schnauft die Schwäbische Waldbahn im Sommer zwischen Schorndorf und Welzheim auf einer der steilsten, aber auch schönsten Bahnstrecken Deutschlands.
www.naturpark-sfw.de/

// Unbedingt probieren

Mit dem Naturparkteller bieten viele Gastwirte gutes Essen mit frischen Zutaten aus der Region – und unterstützen damit bäuerliche Direktvermarkter.

#Wandern mit Aussicht

14 Traufgänge Schwäbische Alb

Spektakuläre Felsformationen, viel Panorama und eine Weite, die auch das Herz öffnet – rund um Albstadt warten einzigartige Premiumwanderwege auf Genusswanderer. Die Traufgänge, das sind insgesamt sieben Premiumwanderwege und ein kürzerer Weg für Familien. Alle rund um Albstadt, doch ziemlich verschieden. Nur eins haben alle gemeinsam: Sie sind wunderschön. Einen Hauch von Wildnis und felsige Schluchten verspricht die Hossinger-Leiter-Tour, Wacholderbüsche dekorieren die Heidelandschaft, beim Felsenmeersteig kraxelt es sich besonders schön, und auf dem Schlossfelsenpfad gehts hoch hinaus entlang der Traufkante mit grandioser Aussicht. Noch besser wird's nur am Zeller Horn mit Postkartenblick zur Burg Hohenzollern. Bequeme Liegen am Weg und die Traufgänge-Gastgeber machen daraus einen echten Wandertraum!
www.traufgaenge.de

// Ein Traum in Weiß

Wintermärchen und Schneewalzer heißen die beiden Touren, die bei entsprechender Witterung präpariert werden. Mit roten Bäckchen wärmt man sich anschließend bei den Traufgänge-Gastgebern auf.

Blick vom Zeller Horn auf die Burg Hohenzollern

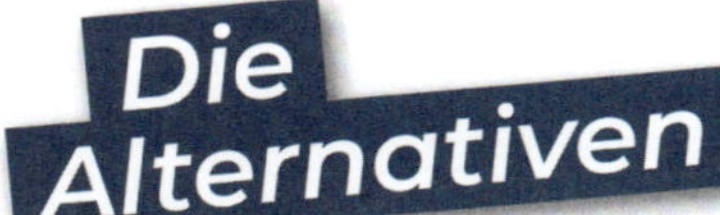

1 Schwarzwälder Genießerpfade

Wie beschreibt man das Unbeschreibliche? Gar nicht. Die 49 Premiumwanderwege, die es im Schwarzwald mittlerweile gibt, muss man einfach selbst erleben. Was darf es sein: Wasser, Weitblick, Schluchten, Wald und Wiesen? Kulinarik?
Ausreden sind obsolet. Die zwischen sechs und 18 Kilometer langen zertifizierten Touren passen für jedes Konditionslevel. Keine Wanderung gleicht der anderen. Mal wartet ein Schnapsbrunnen am Weg, eine Obststation oder eine Himmelsliege, die zum Träumen verführt. Immer dabei: traumhafte Aussichten und eine Landschaft zum Niederknien.

Drei der Premiumwege sind als leicht eingestuft, wie der Gernsbacher Sagenweg im Murgtal, 13 gelten als anspruchsvoll. Abenteurer wagen sich auf den Teufelskanzelsteig, Höhenverliebte wandern auf dem Himmelssteig in Peterstal-Bad Griesbach wie auf Wolken. Der Teinacher ist nah

Auf dem Heidelbeerweg in Enzklösterle

am Wasser gebaut, kann aber auch in puncto wilde Schluchten mithalten, jahrhundertealte Geschichten erzählen und eine urige Hütte liegt auch am Weg. Denn mal ehrlich: Das Beste am Wandern ist doch das Vespern.

www.schwarzwald-tourismus.info

// Lust auf eine Nacht allein in der Wildnis?

Lust auf eine Nacht allein in der Wildnis? In insgesamt 11 Schwarzwald-Trekking-Camps, ausgestattet nur mit einer Feuerstelle und einem Klohäuschen, kann man mitten im Wald sein Zelt aufschlagen. Erreichbar sind die Camps nur zu Fuß.

Wasserfälle und wilde Schluchten im Schwarzwald

2 Weinpanorama

Dass der Wein an den besten Panoramaplätzen wächst, ist kein Zufall. Viel Sonne und eine exponierte Hanglage sind einfach ideal für die Trauben. Für Wanderer bedeutet das gleich doppelten Genuss: eine gute Aussicht und den einen oder anderen Tropfen direkt im Weinberg verkosten zu können.

Wanderwege durch den Weinsüden gibts reichlich – vom Kaiserstuhl bis zum Neckar sowie vom Bodensee bis zu Jagst und Kocher. Ein paar Beispiele? Gern.

Durch die »badische Toskana« wandert man bei Weingarten mit traumhaftem Blick auf die Rheinebene. Im Stromberg-Zabergäu führt eine Entdeckertour durch die Weinbergterrassen um Kirchheim und den alten Neckarbogen bei Bönnigheim.

Richtig steil wirds an der Enz: Der Steillagenweg von Vaihingen/Enz bis nach Mühlacker ist vor allem im Herbst ein einziges Farbenfeuerwerk. Im Sommer schenken die Winzer oft direkt im Weinberg aus.

Die Ortenau lockt mit dem Genießerpfad Durbacher Weinpanorama zur kulinarischen Erkundung mit stilvoller Pause bei einem Glas Klingelberger Riesling auf der Aussichtsterrasse von Schloss Staufenberg.

Zum Tanz auf dem Vulkan könnte eine Tour auf dem Oberbergener Bassgeigenweg werden. Die Wanderung durch die bekannte Weinlage am Kaiserstuhl führt über vulkanisches Gestein mit einmaligen Ausblicken auf die Reben.

Großes Kino auch im Remstal: In Beutelsbach startet eine Weinwanderung durch die Weinberge zu den Drei Riesen – ein Abstecher zum Aussichtspunkt Remstalkino lohnt sich schon wegen der traumhaften Aussicht auf die Weinberge und auf den Stuttgarter Kessel.

www.tourismus-bw.de/urlaub-im-sueden/genuss/weinsueden

// Nicht verpassen

Eine Einkehr im traditionellen Weinbesen. Welcher Winzer gerade ausschenkt, zeigt ein an der Tür hängender Besen – oder der Besenkalender im Internet.

Weinpanorama an der Enz: Blick vom Schloss Kaltenstein

Besonderes Wandervergnügen: Donauwellen

3 Donaufelsentour

Donauwellen, mmhhh … lecker. Und es gibt sogar welche mit null Kalorien. Denn so heißen auch die Premiumwanderwege im südlichen Teil der Schwäbischen Alb, dem Donaubergland. Einer der schönsten: die Donaufelsentour bei Fridingen. Und mit etwas mehr als 15 Kilometern auch die längste DonauWellen-Tour. Bergland ist hier durchaus wörtlich zu nehmen: Der sehr abwechslungsreiche Weg führt auf und ab. Ein Best-of entlang des Flusses sozusagen, denn auf dieser Wanderung ist alles dabei, was das Donaubergland zu bieten hat.

Offizieller Start- und wunderbarer Aussichtspunkt ist der Knopfmacherfelsen. Von dort gehts auf Waldwegen hinunter zur Donau, die man auf Trittsteinen (Vorsicht: Übergang nur bei entsprechendem Pegelstand möglich, ansonsten evtl. Umweg über Beuron einplanen) überquert, direkt hinter dem Jägerhaus führt ein Pfad wieder in den Wald.
Bergauf, bergab mit grandiosen Ausblicken wandert man zum Schloss Bronnen, zur Ruine Kallenburg und schließlich wieder hinunter ins Donautal. Auf der anderen Flussseite steigt der Weg noch einmal an – fantastische Aussicht inklusive.

www.donaubergland.de

// Übrigens

Ganz in der Nähe versickert die Donau einfach so, um ein paar Kilometer weiter, im Aachtopf, wieder aufzutauchen – ein Naturphänomen.

Schimmert in unzähligen Blau- und Grüntönen: der Blautopf

#Laune der Natur

15 Blautopf

Hat sich da etwa jemand einen Scherz erlaubt und Farbe reingekippt? Nein, der Blautopf ist von Natur aus genau wie sein Name sagt: blau. Und er lässt sich doch nicht auf eine Farbe festlegen. Je nach Lichteinfall und Tageszeit schimmert das Wasser smaragdgrün, türkis, kobaltblau und in allen Nuancen dazwischen. Magisch ist dieser Ort, wie nicht von dieser Welt. Ja, und natürlich auch ziemlich Instagram-tauglich.

Die schöne Karstquelle liegt malerisch mitten im Ort Blaubeuren im Urdonautal. Einer Sage zufolge soll in der Tiefe sogar eine Nixe wohnen.

Drumherum führt ein schmaler Weg, über den man auch zum Nägelesfels hochwanden könnte, um einen noch besseren Blick zu erhaschen.

www.blautopf.de

// Nicht verpassen

Die malerische Altstadt von Blaubeuren – auf einem 1,5 Kilometer langen markierten Spaziergang kann man sie erkunden.

Die Alternativen

15.1
15.2
15
15.3

1 Mummelsee

Ein Schloss aus Kristall auf dem Boden des Sees, umgeben von blutroten Korallen. Dort wohnen die Mümmlein. Nachts kommen sie manchmal aus der Tiefe über eine weiße Marmortreppe an die Oberfläche, um zu tanzen. So geht jedenfalls die Sage vom Mummelsee.

Im Sommer blühen tatsächlich Seerosen auf dem Mummelsee. Den im Volksmund Mummeln genannten Blüten verdankt der See wahrscheinlich seinen Namen. Mit Moos und Flechten bewachsene Bäume und Felsen säumen das Ufer. Wer auf dem naturbelassenen Pfad den See umrundet, lässt andere Ausflügler bald am Parkplatz zurück. Die meisten bleiben am Berghotel und stöbern in den Shops nach passenden Schwarzwald-Souvenirs.

Sehenswerter ist der Kunstpfad entlang des Sees mit Werken verschiedener Künstler. Wer den Mummelsee lieber auf dem Wasser überqueren möchte, kann ein Tretboot mieten.

Schwarzwaldhochstraße 11, 77889 Seebach/ Mummelsee, www.mummelsee.de

// Bester Blick

In etwa 30 Minuten hinauf zur Hornisgrinde laufen, vom höchsten Gipfel des Nordschwarzwaldes ist der Blick auf den See einmalig.

Aussicht von der Hornisgrinde auf den Mummelsee

Steinerne Jungfrauen im Eselsburger Tal

2 Eselsburger Tal

Im Eselsburger Tal legt die Brenz eine Kehrtwendung hin. Unberührte Natur, Wacholderheiden, die so typisch sind für die Alb, prägen das Bild. Felsnadeln sind zu bizarren Gebilden geformt. Entstanden sind diese durch Kalkablagerungen im Jurameer vor 150 bis 142 Millionen Jahren. »Steinerne Jungfrauen« nennt man diese Felsen auch – Fantasy-Feeling pur im Eselsburger Tal.
Das nächste Highlight thront hoch über der Brenz: die Domäne Falkenstein. Oben am Aussichtsfelsen wartet ein genialer Rastplatz.

Am Ortsausgang von Eselsburg wartet der Biberbau mit einer Ausstellung zum kleinen Nager, und am Ende des Tals lohnt sonntags der Besuch des Heimatmuseums in der alten Sägemühle. www.heidenheimer-brenzregion.de

// Wandertipp

Albschäfer-Zeitspuren sind zehn Rundwanderwege am Albschäferweg zwischen sechs und 20 Kilometern Länge, von denen jeder eine besondere Geschichte erzählt aus der Ur- oder Eiszeit.

Auf Tuchfühlung mit den Primaten

3 Affenberg Salem

Wer ist hier der Affe? Das fragt man sich in Salem vielleicht schon, denn die Menschen müssen brav auf den abgezäunten Wegen bleiben, während die Primaten fröhlich überall herumturnen. Und manchmal ganz schön frech werden – alles, was lose herumbaumelt, könnte ihr Interesse wecken und flugs stibitzt werden. Putzig anzusehen sind die frei lebenden Berberaffen allemal, die am Affenberg in Salem leben. Rund 200 Tiere fühlen sich am Bodensee richtig wohl, schließlich ist das Klima ähnlich wie in den Bergen ihrer ursprünglichen Heimat Marokko. Die sind bis zu 2000 Meter hoch, weshalb die Affen auch im Winter hierzulande draußen gut zurechtkommen. Im Winter ist der Park geschlossen, um den Affen eine ungestörte Paarungszeit zu ermöglichen. Das Ergebnis lässt sich ab Mai bestaunen: eine neue Generation Mini-Berberaffen.

Ihren Besuchern bieten sie ein echtes Affentheater: Sie brüllen, spielen Fangen, lausen sich und klettern geschickt auf den Bäumen herum. Das können ab Ende 2022 auch die Zweibeiner – auf einem 200 Meter langen Treewalk-Rundkurs mit elf Brücken und zwölf Beobachtungsplattformen, die höchste davon rund elf Meter über dem Boden.

Der Affenberg in Salem ist jedoch weit mehr als ein Freizeitpark: ein geschützter Raum für bedrohte Tierarten. Nur noch 10 000 Berberaffen gibt es weltweit.

Seit 1978 ist am Affenberg auch eine wissenschaftlich betreute Storchenstation beheimatet. Jährlich ziehen rund 50 Storchenpaare hier ihren Nachwuchs groß.

Mendlishauser Hof, 88682 Salem, www.affenberg-salem.de

In Salem sind die Affen los

// Beste Foto-Spots

Während der öffentlichen Fütterungen mehrmals am Tag (siehe Infotafel im Park).

Märchenhaft thront Schloss
Lichtenstein über dem Echaztal

#Märchenschloss

16 Lichtenstein

Dornröschen lebt. Im zauberhaften Schloss Lichtenstein am Rand der Schwäbischen Alb. Im Kino jedenfalls. Das spektakulär über dem Echaz-Tal hängende Schloss war einer der Drehorte, an dem das Grimm'sche Märchen verfilmt wurde.

Inspiriert vom Wilhelm Hauffs Roman, in dem ein Herzog Zuflucht findet in einer »Burg Lichtenstein«, baute Wilhelm Graf von Württemberg das Schloss auf den Grundmauern einer ehemaligen Ritterburg nach.

Mit Zugbrücke, Rüstungen, Waffenhalle und Rittersaal kann sich Schloss Lichtenstein nicht entscheiden, ob es nicht doch lieber eine romantische Ritterburg wäre. Doch das goldene Bett im Erker und die Gemälde im Königszimmer verleihen dem Märchenschloss auch royalen Glanz. *Schloss Lichtenstein 1, 72805 Lichtenstein, www.schloss-lichtenstein.de*

// Nicht verpassen

Grandiose Ausblicke entlang des Albtraufs bietet der Hochgehträumt-Premiumrundwanderweg, der am Schloss startet.

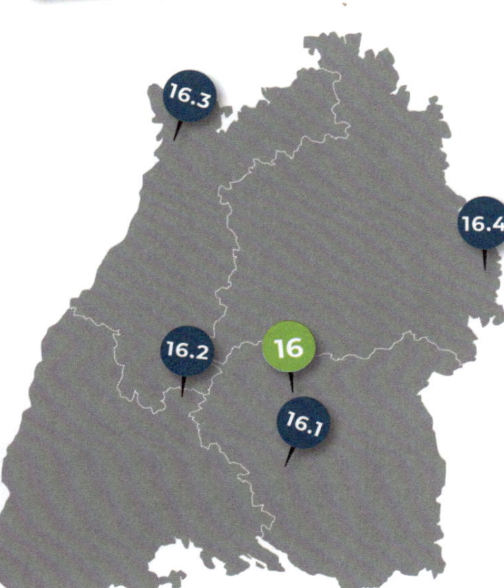

1 Schloss Sigmaringen

Das Zeug zum Märchenschloss hat die Residenz der Hohenzollern-Fürsten auf jeden Fall. Allein wie Deutschlands zweitgrößtes Stadtschloss auf einem Felsvorsprung über der Donau thront – spektakulär. Doch nicht Glanz und Gloria stehen bei einer Besichtigung im Fokus, sondern die Geschichten der Menschen, die in diesen Mauern lebten: Strategen, Diplomaten und Visionäre – und deren Frauen. Die Sigmaringer prägten die europäische Geschichte wie kaum ein anderes Adelsgeschlecht.

Erbaut im 11. Jahrhundert als Burg, zwischen Schwäbischer Alb und Bodensee gelegen, diente das Schloss im Laufe seiner fast tausendjährigen Geschichte mehr und mehr zur Repräsentation und ist seit 1535 Sitz der Grafen und späteren Fürsten von Hohenzollern-Sigmaringen.

Als leidenschaftlicher Historiker begann Karl Anton Fürst von Hohenzollern Mitte des 19. Jahrhunderts Waffen zu sammeln – mit

Erhebt sich spektakulär über der Donau: Schloss Sigmaringen

rund 3000 Exponaten zeigt das Hohenzollernschloss Sigmaringen heute eine der größten privaten Waffensammlungen Europas.

Sehenswert sind außerdem die prachtvoll ausgestatteten Residenzsäle mit ihrer unveränderten Ausstattung an kostbaren Möbeln, Porzellan, Miniaturen, Uhren, kostbaren Gobelins und Gemälden, auf die während der Führungen detailliert eingegangen wird.
Karl-Anton-Platz 8, 72488 Sigmaringen, hohenzollern-schloss.de

// Nicht verpassen

Die historische Innenstadt mit der App »Stadtführung Sigmaringen« erleben – inklusive der schönsten Selfie-Points der Stadt.

2 Wasserschloss Glatt

Romantisch, der Schwarzwald? Und wie! Das Wasserschloss Glatt bei Sulz am Neckar ist nicht nur wunderschön, es scheint geradewegs aus einem Märchenbuch entsprungen zu sein. An jeder der vier Ecken schmückt ein Turm den hellen Steinbau aus dem 15. Jahrhundert, dazu die bemalten Fensterläden. Würde kaum verwundern, wenn Rapunzel ihr Haar herunterlassen würde.
Im Wassergraben, der das Schloss auf drei Seiten umgibt, spiegeln sich die Mauern, was dem Ganzen noch zusätzlich etwas Aus-der-Zeit-Gefallenes verleiht. Mit seinen mehr als 500 Jahren zählt Glatt ja auch zu den ältesten Renaissanceschlössern Süddeutschlands und ist eines der wenigen erhaltenen Wasserschlösser – es lohnt einen Abstecher vom nahe gelegenen Neckartalradweg definitiv.
In der Zehntscheuer nebenan dokumentiert ein Bauernmuseum das Leben der einfachen Leute in den Dörfern des Schwarzwaldes, der Handwerker und der Landwirte.
Drinnen im Schloss ist das Adelsmuseum untergebracht, samt Waffensammlung in der Rüstkammer. Wie die Adelsfamilien im Mittelalter gelebt haben, zeigt die Ausstellung auf drei Etagen im Schloss. Und es gab gar nicht so wenige: Mehr als 100 Adelsgeschlechter haben die Region am oberen Neckar in den jahrhunderten zwischen 1100 und 1800 geprägt.
Schloss 1, 72172 Sulz am Neckar, www.schloss-glatt.de

// Extraportion

Für die Kuchen und Tortenstücke im XXL-Format im Schloss-Café kommen Besucher von weit her.

Märchenhaft schön: das Renaissance-Wasserschloss Glatt

3 Schloss Schwetzingen

Bezaubernd schön und so romantisch! Aus einer kleinen mittelalterlichen Wasserburg entstand im 18. Jahrhundert die malerische Sommerresidenz der Kurfürsten der Pfalz: Schloss Schwetzingen.

Besonders einladend: der barocke Schlossgarten. Die großzügige, geometrisch gestaltete Anlage lädt zum Flanieren ein. Dabei lässt sich ganz Ungewöhnliches entdecken. Eine Moschee zum Beispiel. Interesse an der arabischen Kultur lag damals schwer im Trend. Kurfürst Carl Theodor zeigte sich mit dem Bau als weltoffener, toleranter Herrscher seiner Zeit. Nicolas de Pigage errichtete die Gartenmoschee mit den beiden Minaretten Ende des 18. Jahrhunderts nach dem Vorbild von Kew Gardens in London. Gekonnt kombinierte er abendländische und orientalische Architektur, barocke Kuppeln, Spitzbogenfenster und Arkaden mit Minaretten, Pavillons und Halbmonden.

Wer genau hinschaut, kann auch am Schwetzinger Schloss selbst etwas Außergewöhnliches finden: die Turmuhr von Johann Jacob Möllinger, Uhrmacher am kurpfälzischen Hof. Deren Uhrwerk bedient drei Ziffernblätter – zwei an der Ehrenhofseite des Gebäudes und eins an der Gartenseite. So weit alles normal. Man muss schon zweimal hinschauen, um zu erkennen, was da anders läuft: Die großen Zeiger zeigen nämlich die Stunden und die kleinen die Minuten. Historiker sind ratlos, vielleicht hat sich der Kurfürst mit den vertauschten Zeigern schlicht einen Scherz erlaubt.

Schloss Mittelbau, 68723 Schwetzingen, www.schloss-schwetzingen.de

// Von Schloss zu Schloss

Zwischen der Sommerresidenz in Schwetzingen und dem Winterdomizil Schloss Mannheim liegen nur 20 Kilometer – ideal für eine kleine Radtour.

Schloss Schwetzingen mit der etwas anderen Turmuhr

Exponierte Lage: Schloss Baldern mit den Walled Gardens

4 Schloss Baldern

Ein wahres Meisterwerk barocker Baukunst, prachtvolle Salons und Gemächer – und eine der größten Waffensammlungen Deutschlands mit europäischen und orientalischen Exponaten aus fünf Jahrhunderten.

Die Anfänge von Schloss Baldern reichen vermutlich zurück bis in die Keltenzeit oder zu den Römern, die in der Nähe den Limes errichteten. Erwähnt wurde Schloss Baldern jedenfalls erstmals in der ersten Hälfte des 11. Jahrhunderts. So, wie es sich noch heute präsentiert, zeigt Schloss Baldern das höfische Zeitalter des 18. Jahrhunderts.

Highlight der barocken Residenz: der Festsaal. Man kann sich die rauschenden Partys, die prächtigen Roben der feinen Gesellschaft lebhaft vorstellen. Mit seiner Höhe von sieben Metern besitzt der Festsaal zudem eine wunderbare Akustik. Noch heute finden hier regelmäßig Konzerte oder Hochzeiten statt.

So schön der Ausblick von den Fenstern auf die Landschaft ist, man sollte auch drinnen einmal nach oben schauen: auf den göttlichen Bauplan der Welt in Raum und Zeit – kunstvoll an die Decke gepinselt.

Eine ganz irdische Augenweide wartet draußen: der Walled Garden, inspiriert von Gärten in England. Ein Rosengarten mit historischen seltenen Züchtungen, der Geheime Garten, der Schattengarten und die lange Double Border mit unzähligen verschiedenen Staudenarten, die Prinzessin Anna auf all ihren Reisen gesammelt hat.

Schloßparkstraße 12, 73441 Bopfingen, fuerstwallerstein.de/schloss-baldern

// Mit Kindern unterwegs

D'Artagnan, die ulkige Fledermaus, führt virtuell durch die Welt bei Hofe und erzählt spannende Geschichten aus dem Leben der früheren Schlossbewohner.

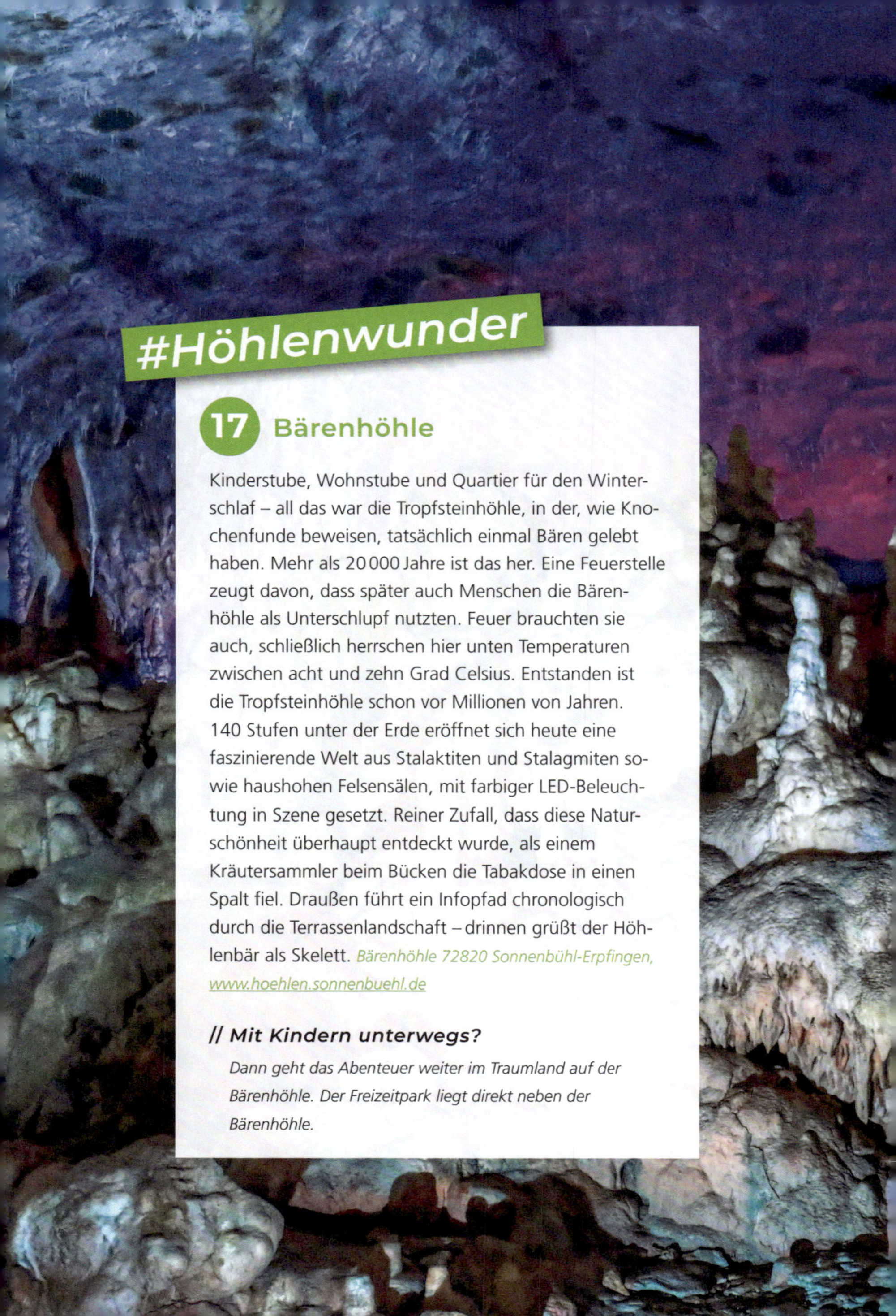

#Höhlenwunder

17 Bärenhöhle

Kinderstube, Wohnstube und Quartier für den Winterschlaf – all das war die Tropfsteinhöhle, in der, wie Knochenfunde beweisen, tatsächlich einmal Bären gelebt haben. Mehr als 20 000 Jahre ist das her. Eine Feuerstelle zeugt davon, dass später auch Menschen die Bärenhöhle als Unterschlupf nutzten. Feuer brauchten sie auch, schließlich herrschen hier unten Temperaturen zwischen acht und zehn Grad Celsius. Entstanden ist die Tropfsteinhöhle schon vor Millionen von Jahren. 140 Stufen unter der Erde eröffnet sich heute eine faszinierende Welt aus Stalaktiten und Stalagmiten sowie haushohen Felsensälen, mit farbiger LED-Beleuchtung in Szene gesetzt. Reiner Zufall, dass diese Naturschönheit überhaupt entdeckt wurde, als einem Kräutersammler beim Bücken die Tabakdose in einen Spalt fiel. Draußen führt ein Infopfad chronologisch durch die Terrassenlandschaft – drinnen grüßt der Höhlenbär als Skelett. *Bärenhöhle 72820 Sonnenbühl-Erpfingen, www.hoehlen.sonnenbuehl.de*

// Mit Kindern unterwegs?

Dann geht das Abenteuer weiter im Traumland auf der Bärenhöhle. Der Freizeitpark liegt direkt neben der Bärenhöhle.

Mit Kindern unterwegs? Dann geht das Abenteuer weiter im Traumland auf der Bärenhöhle. Der Freizeitpark liegt direkt neben der Bärenhöhle

Die Alternativen

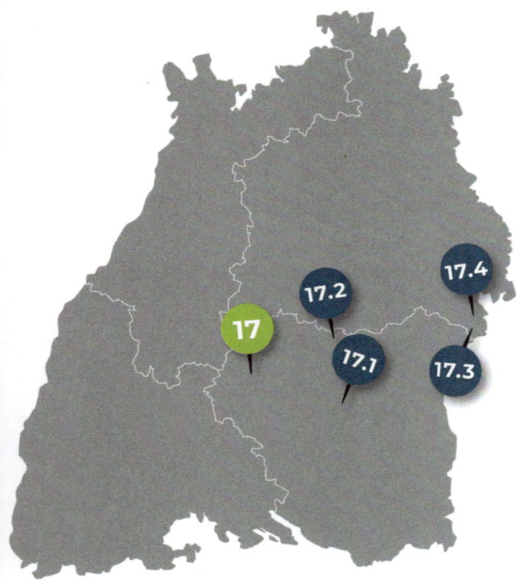

1 Wimsener Höhle

Die Grotta Azzurra der Schwäbischen Alb? Pah, solche Vergleiche hat die Wimsener Höhle doch gar nicht nötig. Zwar darf man wie im Capri-Pendant auch hier nicht schwimmen, das Wasser wäre ohnehin viel zu kalt. Auch was die Farbe anlangt, hinkt die Analogie. Das Wasser in Deutschlands einziger mit dem Boot befahrbaren Höhle changiert von Aquamarin bis Himmelblau. Etwa 70 Meter fährt das Boot in die Höhle, eng ist's und an einigen Stellen so niedrig, dass der Kopf fast auf den Knien liegt. Konstant acht Grad hat es drinnen, das kristallklare Wasser wirkt weniger tief, als es tatsächlich ist, am Eingang fast drei Meter.

Warum die Wimsener Höhle auch Friedrichshöhle heißt? Ganz einfach: Der württembergische Kurfürst Friedrich II. war bei einem Besuch so fasziniert, dass er sie unter seinen besonderen Schutz stellte. An der Wimsener Höhle entspringt die Zwiefalter Aach. Ach was, sie schießt geradezu heraus mit 150 bis 200 Litern Wasser pro Sekunde. Und vereint sich bald darauf mit dem sehr viel längeren Hasenbach, der zwei Kilometer nördlich im Glastal entspringt. Perfektes Ziel für einen schönen Spaziergang nach der Bootstour von Hayingen aus. *Wimsener Höhle, Wimsen 1, 72534 Hayingen-Wimsen, https://www.schwaebischealb.de/attraktionen/wimsener-hoehle*

// Genusstipp

Die Wartezeit bis zum nächsten freien Boot überbrückt man am besten im Bio-Gasthof nebenan mit hausgemachten Spätzle oder Maultaschen mit Wacholderzwiebeln.

Kopf einziehen, heißt es bei der Bootsfahrt in der Wimsener Höhle

Die Faszination der Falkensteiner Höhle kann mit Guides erkundet werden

2 Falkensteiner Höhle

Wie ein großer, gähnender Schlund öffnet sich die Falkensteiner Höhle, gelegentlich spuckt der Fels Wasser aus, hier liegt die Quelle der Elsach. Spukt es da drinnen wirklich, wie manche Sage erzählt? Stoff gäbe es reichlich und mit »Rulaman« auch einen Roman, der nicht nur schwäbische Höhlenfans hierherlockt. Was mag der Zauberer mit den Höhlengeistern besprechen, wenn er sich allein in seine Tulka-Höhle zurückzieht, die für die anderen Mitglieder seiner Steinzeitsippe tabu ist?
Das bleibt geheim. Im wirklichen Leben steht die Falkensteiner Höhle jedem offen und mit der gebotenen Vorsicht einem außergewöhnlichen Höhlenabenteuer nichts im Wege. Mit rund fünf Kilometern zählt sie zu den längsten Höhlen auf der Schwäbischen Alb – und zu den wilden, geheimnisvollen.

Höhlen-Novizen sollten sich unbedingt einer geführten Tour anschließen, bevor sie den »Sarggang« oder die »Lehmrutsche« in Angriff nehmen. Denn bis zum legendären »Goldgräberstollen« beim ersten Siphon ist so manche knifflige Engstelle zu meistern.
Auch wenn Begriffe wie »Badewanne« etwas anderes suggerieren: Menschen haben wohl zu keiner Zeit in der Falkensteiner Höhle gelebt. Dafür war es auch in der Steinzeit zu nass und zu kalt. *Ausgangspunkt: Parkplatz (mit Notruftelefon) an der Straße zwischen Grabenstetten und Bad Urach. www.falkensteiner-hoehle.de*

// Ab ins Warme

Müde Muskeln von Höhlenforschern verwöhnt das Mineralwasser der Albthermen in Bad Urach.

3 Vogelherdhöhle

Das Mammut erlegt, die Hausarbeit erledigt – auch der Steinzeitmensch hatte irgendwann Feierabend. Und was tat er da so angesichts fehlenden Fernsehprogramms, ohne Netflix und Co.? Musizieren zum Beispiel. Das legen die Musikinstrumente nahe, die Archäologen in der Vogelherdhöhle im Lonetal sowie in fünf weiteren Höhlen auf der Schwäbischen Alb entdeckt haben. Eine Flöte aus Gänsegeierknochen war fast vollständig erhalten, an anderer Stelle eine Flöte aus Mammutelfenbein. Mit rund 40 000 Jahren sind das die ältesten bislang bekannten Funde eiszeitlicher Kunst, darunter auch geschnitzte Tierfiguren wie Höhlenlöwen, Mammuts, Pferde und Rinder und persönliche Schmuckstücke. Andere Figuren stellen Kreaturen dar, halb Tier, halb Mensch. Kreativ sein machte auch schon damals zufrieden und glücklich.

Wie das Eiszeitflöten-Konzert wohl geklungen hat? Die Akustik in den Albhöhlen jedenfalls ist so außergewöhnlich gut, dass bekannte Künstler unserer Zeit in diesen ältesten Musikhallen der Welt performen und dafür einen sehr exklusiven Musikpreis erhalten: den Ice Age Award.
Am Vogelherd 1, 89168 Niederstotzingen-Stetten, www.archaeopark-vogelherd.de

// Mal reinhören?

Im Urgeschichtlichen Museum Blaubeuren sind die Originalflöten zu sehen und ihre Töne zu hören.

Eine der bekanntesten Höhlen auf der Schwäbischen Alb: Vogelherdhöhle im Archeopark

Eine der schönsten Schauhöhlen Deutschlands und mit 587 Metern die längste auf der Alb

4 Charlottenhöhle

Höhlen gibt es einige auf der Schwäbischen Alb, aber keine ist länger als die Charlottenhöhle in Giengen-Hürben. 587 Meter unterirdisches Vergnügen warten hier auf große und kleine Hobby-Höhlenforscher. Höhlenbären trifft man hier keine mehr, Siebenschläfer und Fledermäuse fühlen sich zwar heimisch, lassen sich aber selten blicken.
Beim Eintauchen in die glitzernde Tropfsteinwelt begegnen einem vor allem in den Hallen im hinteren Teil der Höhle riesige Stalagmiten, zudem Deckentropfsteine in Rüben- oder Rettichform und verschiedenste Gebilde, die an Kugeln, Fransen, Röhrchen oder Schleier erinnern. Unbestritten ist die Charlottenhöhle eine der schönsten begehbaren Schauhöhlen in Deutschland.

Geheimnisvoll und unberührt mutet das unterirische Tropfsteinparadies an, das mittels farbigen Lichts in Szene gesetzt wird – zum Greifen nah erscheint die Urzeit plötzlich. Entstanden ist die Charlottenhöhe schätzungsweise vor zweieinhalb bis drei Millionen Jahren, entdeckt und eröffnet wurde sie Ende des 19. Jahrhunderts. Wer sich der täglich stattfindenden Führung anschließt, sollte sich warm anziehen und gut zu Fuß sein: 74 Treppenstufen gibt es, und 45 Minuten dauert der Rundgang in etwa 30 Metern Tiefe. Wer mehr wissen will über die Erdgeschichte der Region: Unweit des Informationszentrums Höhlenhaus befindet sich das Portal des GeoParks Schwäbische Alb. Im HöhlenSchauLand gegenüber der Charlottenhöhle vermitteln sprechende Steine in der HöhlenErlebnisWelt die Faszination der Höhlen. Auf dem Zeitreisepfad, der in der Nähe des Parkplatzes startet, führen acht Stationen in die Vergangenheit. *Lonetalstraße 61, 89537 Giengen an der Brenz, www.hoehlenerlebniswelt.de*

// (Nicht nur) Für Familien

Das Steiff-Museum in Giengen an der Brenz, Geburtsstätte des berühmten Teddys mit dem Knopf im Ohr.

Hopfenhimmel

18 Alpirsbacher Klosterbräu

»Emil Stopp!«, mahnt das Schild im Hof der Alpirsbacher Klosterbräu. Gemeint war der Bierkutscher, der das Pferdefuhrwerk zum Beladen hier anhalten sollte – was angesichts der zahlreichen Pausengetränke zur Stärkung auf seiner Tour mal mehr, mal weniger gut gelang.

Anders, als es das Kloster nebenan vermuten lässt, brachten nicht die Mönche die Braukunst nach Alpirsbach, sondern ein findiger Unternehmer, der die entstehende Eisenbahnlinie als Chance verstand. Schickte seinen Sohn nach Weihenstephan, damit dieser nach der Lehre dort im Schwarzwald das »beste Bier der Welt« braue. Ob das gelang, davon kann sich jeder selbst überzeugen – bei einer Führung mit anschließender Verkostung.

Marktplatz 1, 72275 Alpirsbach, www.alpirsbacher.de

// Für Ja-Sager

Vorm alten Kupfer-Gärkessel im historischen Sudhaus von 1912 können Bierfans im Trauhaus heiraten und zusammen mit der ganzen Hochzeits-Entourage die Ehe mit einem kräftigem Schluck Gerstensaft besiegeln.

Brauereischenke der Alpirsbacher Klosterbräu

Die Alternativen

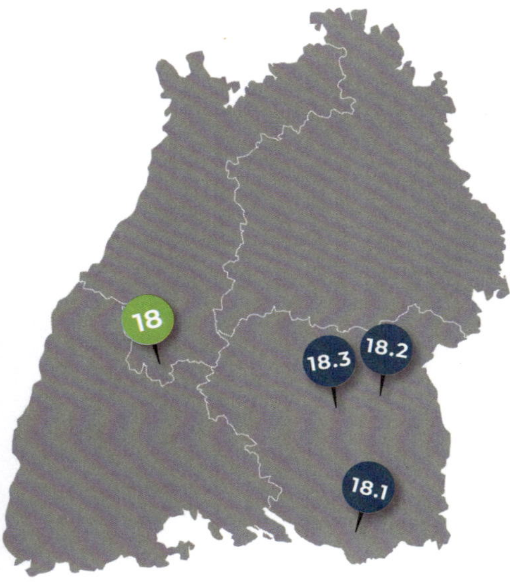

1 Tettnanger Hopfenpfad

Was auf den ersten Blick aussieht wie Stangenbohnen, ist für Brauer etwas sehr Essenzielles: Edelhopfen. Und der wächst rund um Tettnang nahe des Bodensees prächtig. Bis zu acht Meter hoch ranken die im Frühjahr wie Unkraut aussehenden Pflanzen. Und wer hätte gedacht, dass diese ganze 50 Jahre alt werden können. Das und noch viel mehr über den *Humulus lupulus*, so der lateinische Name, erfährt man auf dem Tettnanger Hopfenpfad. Der vier Kilometer lange Themenweg beginnt im Zentrum von Tettnang an der Kronen-Brauerei und führt durch die hügelige Landschaft mit unzähligen Hopfengärten und Obstbäumen bis zum Hopfengut No. 20. Dort pflanzt Familie Locher das grüne Gold bereits in der vierten Generation an und liefert an Brauereien in der ganzen Welt.

Viele der Arbeiten im Hopfengarten lassen sich heute maschinell erledigen. Wie mühsam Anbau, Ernte und Verarbeitung früher waren, lässt sich im Museum auf dem Hopfengut erahnen. Und schwindelfrei sollte man beim Hopfenernten auch gewesen sein, schließlich mussten die Ranken zunächst oben abgeschnitten werden. Beim Blick vom Skywalk am Ende des Museumsrundganges reicht der Blick über die Hopfengärten bis zum Bodensee. Darauf ein gepflegtes Bier!

Hopfengut 20, 88069 Tettnang, www.tettnang.de

// Unbedingt probieren

Lager, IPA oder Black Ale – die Hopfengut-Bierkreationen passen perfekt zur Hausmannskost, die auf dem Gutshof serviert wird.

Museum am Hopfengut Tettnang

Konviktskirche in Ehingen

2 Bierwanderweg Ehingen

»Wir wandern, wir wandern, von einem Bier zum andern …« Die bisher einzige zertifizierte Stadtwanderung in Baden-Württemberg hat nur ein Thema: Bier. Etwas Kondition sollte man aber mitbringen, denn an dem 14 Kilometer langen Rundwanderweg warten gleich fünf Brauereien. Der Wanderweg besteht aus zwei Teilen: einer kleinen 4-Kilometer-Spazierrunde durch Ehingen mit den drei Innenstadt-Brauereien sowie der Donautalrunde (zehn Kilometer) mit Einkehr bei der Brauerei Berg. Audiostationen liefern via App oder QR-Code witzige Einblicke in den Ehinger »Bierkosmos«.

Start ist am Stadtbrunnnen am Ehinger Marktplatz. Von dort weist der Bierkrug den Weg: zur Konviktskirche, der Städtischen Galerie mit moderner Kunst und weiter zum Groggensee und zum Wolfertpark.

An der innerstädtischen Route verführen vier Brauereien zum Probieren, bevor es durch das Donauried auf dem Naturerfahrungspfad weitergeht. Der Biber ist dort zwischenzeitlich ebenso heimisch wie der Weißstorch und zuweilen sieht man auch einen der wunderschönen Eisvögel.

In der Berg-Brauerei belohnt ein frisch gezapftes Bier für die Strapazen des »Aufstiegs«. In der Brau- und Backstube im Obergeschoss der Brauereiwirtschaft erfährt man alles über die Herstellung der Biere, auch Kurse finden hier statt.

bierkulturstadt.ehingen.de

// Abkürzen?

Ab der Bierkultur-Skulptur gehts auch auf direktem Weg (gut zwei Kilometer) zur Berg-Brauerei.

Wahrzeichen von Zwiefalten: Münster. Von dort ist es nicht weit in den Bierhimmel

3 Bierhimmel Zwiefalten

Mönche leben hier schon lange keine mehr, der Himmel ist dennoch sehr nah. Jedenfalls für alle, die Bier mögen. Schaubrauerei, Biergarten und Hofladen haben sich zum Bier-Mekka auf der Schwäbischen Alb entwickelt.
An den Sudkesseln der 1827 gegründeten Familien-Brauerei steht heute die sechste Brauer-Generation. Der klösterlichen Tradition der Benediktiner fühlen sie sich immer noch sehr verbunden, auch wenn die Arbeit inzwischen weniger beschwerlich ist. Eisblöcke zum Kühlen der Würze und offenes Feuer im Sudhaus wurden durch moderne Technik ersetzt.
Der »Bierhimmel« neben der Brauerei ist einer der schönsten Biergärten auf der Alb. Mit Blick auf das Zwiefalter Münster sitzt man im Schatten der Kastanienbäume am kristallklaren Fluss der Kesselach.
Bei einer Führung mit Bierprobe lernt man alle wichtigen Schritte vom Gerstenmalz bis zum fertigen Klosterbier. Schroten, maischen, läutern: Wer will, kann eine Schürze umbinden und sich selbst versuchen beim Braukurs wie zu Zeiten der Benediktiner um 1521.
Hauptstraße 24, 88529 Zwiefalten, www.zwiefalter.de

// Vor dem Biergenuss

Der elf Kilometer lange Premiumwanderweg Hochgehpilgert rund um Zwiefalten.

Erst ins Münster, dann in den Bierhimmel

#Burgenromantik

19 Burg Hohenzollern

»Eins-a-Lage« würde man diesen Standort wohl heute nennen: Auf 855 Metern Höhe thront die stolze Festung ziemlich exponiert auf dem Zollerberg. Der Rundblick bis zu 100 Kilometer weit, einfach majestätisch. Wie die Bewohner selbst: schwäbische Grafen und Fürsten, preußische Könige und deutsche Kaiser.

Die Burg Hohenzollern erlebte glanzvolle wie auch dunkle Zeiten in ihren rund 1000 Jahren. Zerstört, wieder aufgebaut, verlassen, verfallen – im 19. Jahrhundert dann größer und schöner als je zuvor vom Preußenkönig wiedererrichtet.

Noch immer ist das beliebte Ausflugsziel in Privatbesitz. Ob der Burgherr zu Hause ist, zeigt die gehisste Fahne auf dem Dach. Was die rund 300 000 Besucher pro Jahr zu sehen bekommen: Grafensaal, Blauer Salon, Schatzkammer mit glänzenden Ritterrüstungen und der berühmten Tabakdose, die Friedrich dem Großen einst das Leben rettete.

72379 Burg Hohenzollern, www.burg-hohenzollern.de

// Vesper-Tipp

Im Burgcafé oder Biergarten im Schatten der Königslinden schwäbische Spezialitäten genießen.

Das Wahrzeichen der Zollernalb:
Burg Hohenzollern

1 Waldburg

Einmal Ritter sein … oder Burgfräulein? Auf der Waldburg wird dieser Traum wahr. Direkt am Eingang gehts ins »Ankleidezimmer«, und dort startet die Zeitreise ins Mittelalter ganz authentisch. Zwar darf man den Rundgang durch die Waldburg nicht mit Rüstung und Helm absolvieren, doch die Verkleidung fürs Foto stimmt wunderbar ein aufs Eintauchen in die tausendjährige Geschichte der Burg. Und die ist wirklich außergewöhnlich. Nicht nur der Kronschatz des Heiligen Römischen Reiches wurde vor 800 Jahren hier lange vom Stauferkaiser Friedrich II. höchstpersönlich verwahrt. Eine bedeutende Rolle spielte die Waldburg auch im Bauernkrieg im 16. Jahrhundert. Noch mehr Ereignisse von historischem Rang? Hat die Waldburg. Die erste urkundliche Erwähnung von Amerika, das Original der Martin-Waldseemüller-Karte, hängt heute aber in der Kongressbibliothek in Washington. Immerhin wurde das Königreich Württemberg 1818 von der Waldburg aus vermessen – die Aussichtsplattform ist zugleich der höchste Punkt Oberschwabens. *Amtzeller Str. 11, 88289 Waldburg, www.schlosswaldburg.de*

// Bester Selfie-Punkt

Auf der Dachterrasse der Waldburg mit Traumblick auf die Alpen und den Bodensee.

Waldburg

Vom Ausblick der Weitenburg reicht der Blick ins schöne Neckartal

2 Weitenburg Starzachtal

Burg oder Schloss? So ganz eindeutig ist das nicht bei der Weitenburg. Die Türme mit den Zinnen und die Lage hoch über dem idyllischen Neckartal bei Rottenburg, die Burgküche, in der heute ein stilvolles Restaurant untergebracht ist, vermischen barocken Baustil mit Renaissance und Neugotik. Doch genau dieser Mix macht den Reiz von Schloss Weitenburg aus. Seit 300 Jahren residiert das Geschlecht der Reichsfreiherren von Raßler auf dem traditionsreichen Adelssitz. Fürstlich Tafeln und Logieren kann hier jedoch jeder: Ausflügler, Gesellschaften, Hochzeitsgäste, Wanderer oder Radler, die den Anstieg vom Neckarradweg herauf nicht scheuen. Neben Feinem aus der Küche und leckerem Kuchen kann man den grandiosen Ausblick ins Neckartal genießen, im Sommer von der Terrasse aus. Dann öffnet auch der Biergarten im Innenhof an Wochenenden und Feiertagen.

Sehenswert: die Kapelle. Der Rote Salon mit seiner barocken Stuckdecke steht auch für private Trauungen zur Verfügung.

Zum Schloss Weitenburg gehört ein Landschaftspark im englischen Stil mit uraltem Baumbestand, der zum Flanieren einlädt, sowie ein ehemaliger Weinberg – ideal für schöne Erinnerungsfotos. *Weitenburg 1, 72181 Starzach, www.schloss-weitenburg.de*

// Für Genießer

Sekt-Picknick mit Lachs- und Geflügelsandwiches, hausgemachter Tarte und frischem Obst auf einer Picknickdecke im Schlosspark oder, very british: Afternoon Tea.

Ausflugsziel und Gründungsort von Baden-Württemberg: Festungsruine Hohenneuffen

3 Festungsruine Hohenneuffen

Stolze 743 Meter hoch, auf einem Felsen gebaut: Stürmen konnte sie keiner, weshalb sich die Burg Hohenneuffen im Mittelalter hervorragend als Wohnsitz eignete. Es blieb nur Belagern und Aushungern. Einer Legende nach gelang selbst das nicht so leicht. Die Bewohner opferten ihren einzigen Esel, den sie zuvor mit dem letzten Getreide gefüttert hatten. Den gefüllten Magen sollen sie ihren Feinden über die Mauer geworfen haben. Diese glaubten, es gäbe noch ausreichend Vorräte, und zogen ab. Später diente die Festung Hohenneuffen als Staatsgefängnis. Wahrscheinlich das mit der besten Aussicht – gegenüber grüßt Burg Teck, unterhalb idyllische Täler und in der Ferne die Landeshauptstadt Stuttgart.
Nach dem Zweiten Weltkrieg trafen sich auf dem Hohenneuffen die Regierungen der drei Länder Württemberg-Baden, Württemberg-Hohenzollern und Baden, was 1952 zur Gründung von Baden-Württemberg führte.

Noch immer imponiert die Burg auf der Schwäbischen Alb mit ihren Bastionsringen und Rundtürmen. Verwinkelte Gänge und Kasematten laden zum Entdecken, das Restaurant zum Genießen mit Panorama ein. Die Kost ist freilich um einiges besser als zu Gefängniszeiten.
Am schönsten erobert man den Hohenneuffen heute zu Fuß über den Premiumwanderweg Hochgehfestigt, der durch Streuobstwiesen und schattige Wälder von Beuren heraufführt.
Hohenneuffenstraße 100, 73268 Erkenbrechtsweiler, www.hohenneuffen.de

// Schon gewusst?

Falken sind sehr gute Jäger und waren im Mittelalter Statussymbol und Teil des Lebens in der ritterlich-höfischen Gesellschaft. Bei den Flugschauen der Burgfalknerei fliegen die Vögel dicht über die Köpfe der Besucher und zeigen verschiedene Jagdstrategien und Beutefangtechniken.

Schwarzwaldbauten aus fünf Jahrhunderten treffen sich im Freilichtmuseum Vogtsbauernhof

#Freilichtmuseum

20 Vogtsbauernhof

Nach 246 Jahren kann man schon einmal umziehen. Nicht etwa ins Altenheim, viel cooler: ins Museum. Seit 1775 stand das Winzerhaus in Durbach, jetzt ging es, scheibchenweise verpackt, ins Schwarzwälder Freilichtmuseum. Wie zuvor schon das Schlössle von Effringen aus dem Jahr 1407, dessen Umzug sogar noch ein bisschen mehr kostete als die 2,6 Millionen Euro des Neuzugangs aus Durbach. Beide sind dort in bester Gesellschaft. Der Hippenseppenhof, Jahrgang 1599, kam aus den Bergen oberhalb von Furtwangen, der Falkenhof (1737) aus dem Dreisamtal. Nur der Vogtsbauernhof stand schon immer hier im Gutachtal, seit 1612. Wie auch das Küken im Dorf, das Hermann-Schilli-Haus (1980), in dem eine Dauerausstellung zur Wohnkultur seiner Zeit untergebracht ist. *Wählerbrücke 1, 77793 Gutach (Schwarzwaldbahn), www.vogtsbauernhof.de*

// Nicht verpassen

Wer auf die Frage »Spinnst du?« künftig mit »Na, klar!« antworten will, kann sich zum Workshop im Freilichtmuseum anmelden. Weitere alte Techniken im Angebot: Flechten, Malen, Klöppeln, Bürstenbinden und Schmieden.

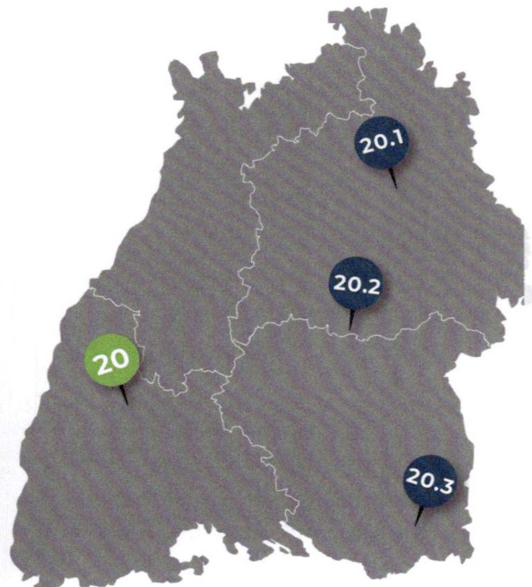

1 Hohenloher Freilandmuseum Wackershofen

Was macht man mit einem Bahnhof, der nicht mehr gebraucht wird? In vier große Teile zerlegen und mit Tiefladern auf der Straße an einen anderen Ort transportieren. So geschehen in Kupferzell. Nächste Station: Freilandmuseum Wackershofen. Dort zählt das historische Gebäude längst nicht zu den Dinos, verglichen mit dem 1585 erbauten Käshof. Auch die Sägemühle aus dem Welzheimer Wald im Mühlental hat schon rund 200 Jahre auf dem Blatt.
Das Hohenloher Freilandmuseum ist das größte in Baden-Württemberg. 70 historische Gebäude sind neu zusammengewachsen. Nur halt ein wenig aus der Zeit gefallen, so scheint es. Das Zentrum bildet das Hohenlohe-Dorf mit stattlichen Bauernhöfen aus der Zeit zwischen 1550

Den Alltag im Hohelohe von damals erleben: im Freilandmuseum Wackershofen

Im Wirtshaus aus dem 18. Jahrhundert wird heute noch gekocht

und 1900, Handwerkerhäusern, Schule und einem Wirtshaus aus dem 18. Jahrhundert, in dem auch heute noch gekocht wird.

Auf dem Weg zum Weinbauerndorf steht das Steigengasthaus, ursprünglich an einer wichtigen Handelsstraße gelegen, wo sich Kaufleute und Fuhrknechte sowie Pferde stärken konnten. Heute gibts einen erfrischenden Schoppen sonntags in der historischen Besenwirtschaft im Weingärtnerhaus aus Verrenberg. Falls es ein paar Gläser mehr werden, ist das kein Problem. Anreisen kann man ganz bequem mit dem Zug ab Schwäbisch Hall, das Freilandmuseum hat eine eigene Bahnstation.

Felder, Streuobstwiesen und Gärten fügen die fünf Gebäude-Ensembles zu einem harmonischen Ganzen zusammen, Handwerker lassen sich meinst nachmittags beim Bürstenbinden, Seifensieden, Korbflechten oder Schmieden über die Schulter schauen.

Dorfstraße 53, 74523 Schwäbisch Hall-Wackershofen, www.wackershofen.de

// Abstecher

Vom Freilandmuseum führt ein ausgeschilderter Wanderweg (Nr. 3) in 90 Minuten ins idyllische Salzsiederstädtchen Schwäbisch Hall. Zurück kommt man mit Bus oder Bahn.

2 Freilichtmuseum Beuren

Was, wenn es die »gute alte Zeit« vielleicht gar nicht gab? Diese Erkenntnis dämmert recht schnell beim Rundgang durch das »schwäbische Dorf«, wo der Alltag aus viel Arbeit und wenig Komfort bestand. Strom, Fernsehen, Telefon? Fehlanzeige. Im Freilichtmuseum Beuren kann man ein Dorf aus vergangenen Tagen erkunden, das aus der Zeit gefallen scheint. Urige Küchen, enge Schlafkammern, Keller, Ställe und Scheunen geben Einblick in den Tagesablauf der Menschen damals. Man wohnte mit den Tieren unter einem Dach in sogenannten Wohnstallhäusern. Fenster waren nach dem Zweck der Räume ausgerichtet, Küche und Kammer bekamen nur kleine Luken.

Ob »Bauernschloss« oder Tagelöhnerhaus – alte Häuser aus dem Neckarland und von der Alb wurden auseinandergenommen und hier Stein für Stein wieder zusammengesetzt. Bauerngärten mit alten Gemüsepflanzen, Streuobstwiesen mit seltenen Apfel- und Birnensorten, ja sogar einen Schneckengarten, damals ganz typisch für die Schwäbische Alb, gibt es zu bestaunen. Im Erlebnis- und Genusszentrum dreht sich alles um den Anbau regionaler Sorten mit Tradition.

Zum Schluss ein Souvenir kaufen im Kolonialwarenladen aus dem Jahr 1929 und schnell noch ein Erinnerungsbild machen im einzigen noch existierenden frei stehenden Tageslichtatelier in ganz Europa.

In den Herbstwiesen, 72660 Beuren,
www.freilichtmuseum-beuren.de

// In Sichtweite

Die Burgen Teck und Hohenneuffen, die man ab Beuren auf dem Premiumwanderweg Hochgehadelt erobern kann.

Ein Dorf aus vergangenen Zeiten: Freilichtmuseum Beuren

Bauernhaus-Museum Allgäu-Oberschwaben Wolfegg

Wie haben die Menschen in der Region in den letzten 300 Jahren gelebt? Die Fischer oder die Bauern? Das Bauernhaus-Museum in Wolfegg besteht aus mittlerweile 28 historischen Gebäuden, die sich um das ehemalige Fischerhaus und den seit Jahrhunderten bewirtschafteten Fischweiher gruppieren. Das Gebäude wurde 1788 an dieser Stelle vom Reichsgrafen von Waldburg-Wolfegg als Unterkunft für den Hoffischer errichtet. Repräsentativ bemalt, unterschied es sich von Häusern der einfachen Bauern.
Noch älter ist das Backhaus, das 1982 von Bergatreute ins Museum nach Wolfegg umzog. Im Erdgeschoss wurde in großen Kesseln Wäsche gewaschen und im Ofen Brot gebacken, zeitweise auch Bier gebraut. Bei großen Veranstaltungen wie dem Museumsfest oder dem Apfel- und Kartoffeltag ist das Backhaus in Betrieb, und es gibt Brot, Dinnete oder Wecken aus dem Holzofen.
Ältestes Gebäude im Bauernhaus-Museum ist die Zehntscheuer der Reichsabtei Weißenau aus dem Jahr 1430, als Sammelstelle für die Abgaben der Lehensbauern errichtet. Im Gebäudeinneren befinden sich heute der Museumsladen sowie eine Ausstellung zu den Schwabenkindern. Seit dem Beginn des 17. Jahrhunderts sind Kinder und Jugendliche aus dem Alpenraum südlich des Bodensees nach Oberschwaben und ins Allgäu gezogen, um sich dort als Saisonarbeitskräfte auf den Bauernhöfen zu verdingen. Deren Schicksale hat das Bauernhaus-Museum Allgäu-Oberschwaben Wolfegg in einem grenzüberschreitenden Projekt eindrücklich erforscht, wissenschaftlich aufgearbeitet und erzählt nun davon.

Vogter Str. 4, 88364 Wolfegg,
www.bauernhausmuseum-wolfegg.de

// Sonst noch sehenswert in Wolfegg

Das Automuseum von Fritz B. Busch mit 200 Oldtimern, zwei fast 170-jährige Linden auf dem Maximiliansplatz und fantastischer Käsekuchen im Café am Schlossplatz.

Im Wolfegger Bauernhaus-Museum

Adrenalinkick für die ganze Familie: Achterbahnfahren in Rust

#Familienspaß

21 Europa-Park Rust

Zum Frühstück Café au Lait mit einem duftenden Croissant in Frankreich genießen, anschließend mit dem Zug von England bis nach Spanien reisen und später am Nachmittag auf der italienischen Piazza einen Cappuccino schlürfen. Mehr als 100 Attraktionen warten im Europa-Park Rust auf große und kleine Gäste, darunter 15 Themenbereiche quer durch Europa, 13 Achterbahnen und jede Menge Show – mehr als 23 Stunden täglich.
Gleich nebenan: der Rulantica-Badespaß. An den Ausläufern des Schwarzwaldes lässt sich die Faszination des Nordens erleben – mit einer der größten Outdoor-Rutschenlandschaften Europas. Eines der Highlights: der Trichter im Svalgurok. Am Snorri-Strand direkt daneben spielen die Kleinsten. *Europa-Park-Straße 2, 77977 Rust, www.europapark.de*

// Beste Aussicht

Drinks with a view gibts auf der Dachterrasse des Buena Vista Social Club im »Castillo Alcazar«.

Die Alternativen

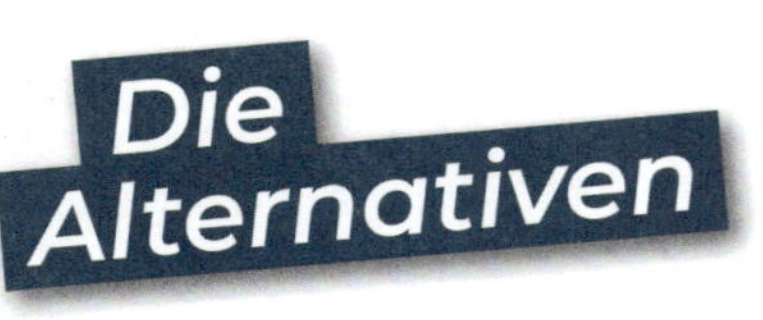

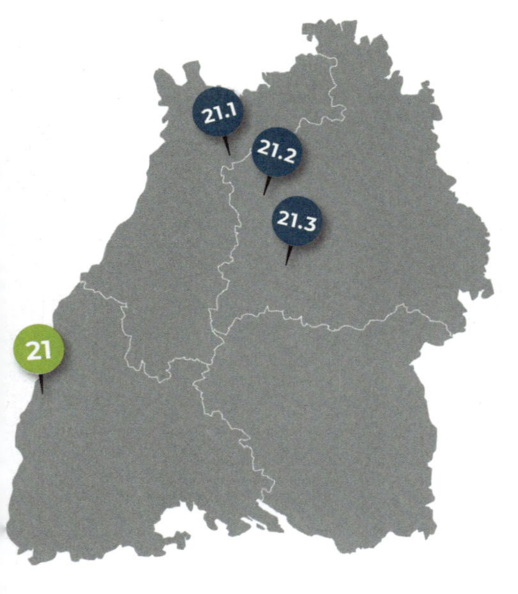

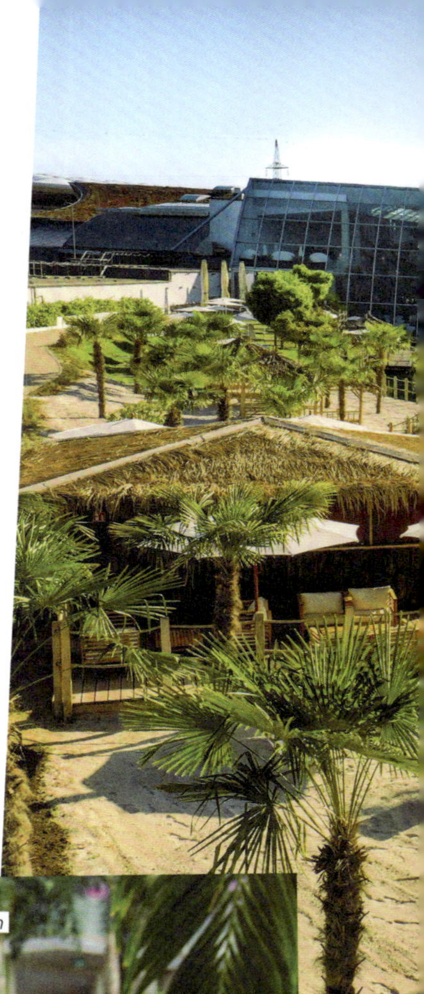

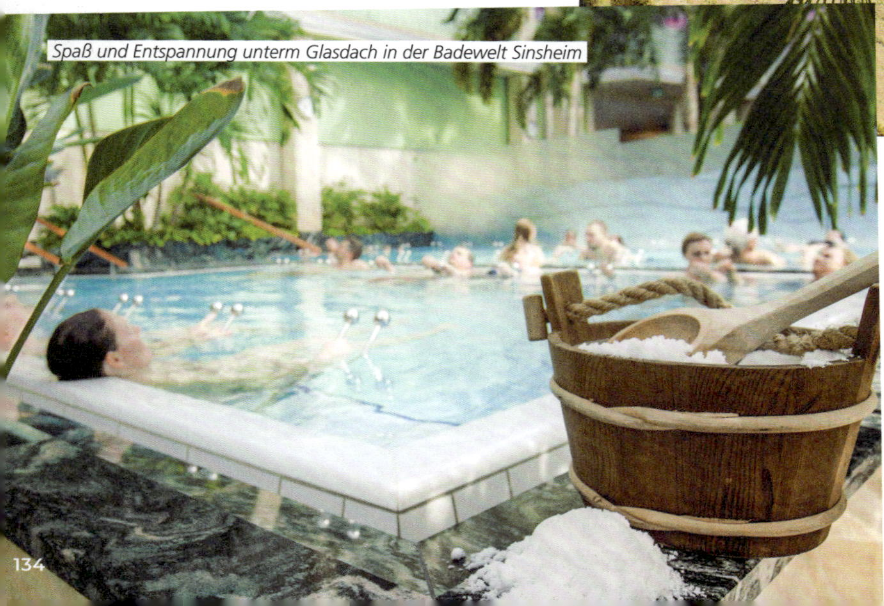

Spaß und Entspannung unterm Glasdach in der Badewelt Sinsheim

Highlight ist das Sauna-Boot, das auf dem See seine Runden dreht

1 Thermen und Badewelt Sinsheim

Ein Südseetrip für die ganze Familie ist zu teuer? Von wegen! In der Thermen und Badewelt Sinsheim entspannen Eltern und Kinder in einem echten Palmenparadies – mitten im Kraichgau. Über 460 echte Palmen, rund 1000 Orchideen und zwei große türkisfarbene Lagunen liegen inmitten des Naturschutzgebietes am Fuß der Burg Steinsberg. Im Sommer findet das unter freien Himmel statt, und im Winter lässt das Panorama-Glasdach den Blick weit in die Landschaft schweifen und auch an kalten Tagen die Sonne genießen.
Am Paradise Beach die Füße in den Sand stecken, einen Cocktail an der karibischen Bar schlürfen oder der Sonnen entgegenschaukeln. Schwimmen, Springen und Toben ist nebenan im Sportbad angesagt, für die Kleinsten gibt es einen Wasserspielplatz mit Rutsche.

Außergewöhnliches bietet die Saunawelt: Theaterstücke bei 80 Grad oder Kurzfilme, bei denen man garantiert ins Schwitzen kommt, in der Kino-Sauna. Highlight ist das Sauna-Boot, das während der Räucherzeremonie auf dem Thermensee seine Runden dreht.

Badewelt 1, 74889 Sinsheim,
www.badewelt-sinsheim.de

// Vor dem Abtauchen

Lohnt ein Besuch im Technik-Museum Sinsheim.

2 Tripsdrill

Ein Paradies für alte Weiber? Für Adrenalinjunkies? Oder für Weinfans? Es gibt wohl wenige Plätze, an denen wirklich alle glücklich werden können. Tripsdrill ist so ein Ort – direkt vor den Toren von Stuttgart.

Wir fangen klein an: drehen uns kichernd in Kaffeetassen, kurven in Weinkübeln durch den Fröhlichen Weinberg mit alten Reben und lassen uns vom Tausendfüßler um den Michaelsberg schleudern. Die Großen können zwischendurch im Vinarium die Weingeschichte des Zabergäus erleben und natürlich auch verkosten. Kinder dabei? Die bekommen leckeren Dornfelder-Traubenmost – garantiert promillefrei.

Mutig genug fürs Mammut? So heißt die Holzachterbahn, die wie ein Kunstwerk in der Landschaft steht. Langsam zuckeln die Waggons den ersten Anstieg hinauf, doch kaum auf der Kuppe angekommen, brettert das Ding mit 80 Sachen ordentlich steil in die Tiefe und rasant um die Kurven.

Weiter mit Karacho – die große Achterbahn macht ihrem Namen alle Ehre. Loopings, Schrauben, Katapultstart … von null auf 100 in 1,6 Sekunden – und viel zu schnell vorbei. Das Beste aber kommt am Anfang: Völlig unerwartet rast der Wagen da in die Tiefe – im Dunkeln. Und am Schluss zur Altweibermühle, dem historischen Kern von Tripsdrill – das einzige Versprechen, das Tripsdrill nicht einlöst: Angeblich rutschen Frauen aus der Mühle um einiges jünger heraus, als sie hineinsteigen. Spaß macht es trotzdem.

Erlebnispark-Tripsdrill-Straße 1, 74389 Cleebronn/Tripsdrill, www.tripsdrill.de

// Gleich um die Ecke

Das Natur-Resort Tripsdrill mit mehr als 50 Wildtierarten, darunter Wölfe und Bären. Wer will, kann auch über Nacht bleiben – im Baumhaus oder im gemütlichen Schäferwagen.

Loopings, Schrauben und Katapultstart: Spaß mit Karacho in Tripsdrill

Erlebnis für die ganze Familie: Geschichten aus dem All, Musik- und Lasershows unter dem Sternenhimmel

3 Planetarium Stuttgart

Nicht ärgern, wenn einer der Lieben zu Hause sagt, dass er einen am liebsten auf den Mond schießen würde, sondern beim nächsten Mal lächelnd antworten: »Das wäre prima, Schatz – und du kommst gleich mit!«
Mit Pink Floyds »Dark Side of the Moon« in die Tiefen des Kosmos und in die menschliche Seele eindringen oder im »Queen Heaven« die legendäre Rockband mit ihren größten Hymnen erleben – im Planetarium Stuttgart ist das ein ganz besonderes Erlebnis. Zwischen 60 und 80 Minuten dauern die Musik-Lasershows unter der 360-Grad-Kuppel.
Wer Musik lieber live mag, bekommt bei den monatlichen Gigs sphärischen Elektrobeat auf die Ohren, begleitet von Lichteffekten, Laser und Videos.

Das Programm für die ganze Familie reicht vom kleinen Einmaleins der Planeten, die man an Bord eines virtuellen Raumschiffes entdecken kann, bis zu der Erklärung der Tierkreiszeichen, die am Himmel zu sehen sind. Spannende Geschichten aus dem All hören oder lernen, wie man sich nachts ganz ohne Handynavigation an den Sternen orientieren kann, fasziniert nicht nur Kinder. *Willy-Brandt-Straße 25, 70173 Stuttgart, www.planetarium-stuttgart.de*

// Noch mehr für Sternengucker

In der Sternwarte Stuttgart, einer der ältesten in Deutschland, finden regelmäßig öffentliche Beobachtungen statt.

Aussicht vom Elevator Testturm Rottweil

22 Elevator Testturm Rottweil

»Beam me up, Scotty …« – so muss es sich anfühlen, sich flugs in eine andere Welt zu bewegen. Mit bis zu 18 Metern pro Sekunde fliegt die Kabine senkrecht nach oben. Nur dass in Rottweil im Turm eben nicht die Enterprise-Crew mit Captain Kirk, Commander Spock oder etwaige Abenteuer mit Klingonen warten, sondern eine Wahnsinns-Aussicht auf die älteste Stadt Baden-Württembergs und weit darüber hinaus.
Rein zum Vergnügen der Touristen steht der Turm natürlich nicht hier. In den zwölf Schächten testen Ingenieure die Aufzüge von morgen: ganz ohne Seil, vertikal und horizontal – mit der Technologie der Magnetschwebebahn werden künftig mehr Personen schneller transportiert werden können. Der längste Schacht ist 260 Meter lang, insgesamt beträgt die Teststrecke zwei Kilometer. Da möchte man doch gern einmal mit Warp-Geschwindigkeit durchrauschen, oder?

Berner Feld 60, 78628 Rottweil, testturm.tkelevator.com

// Sehenswert

Die historische Rottweiler Altstadt mit kunstvoll gestalteten Brunnen, dem Schwarzen Tor und prächtigen Bürgerhäusern.

Die Alternativen

1 Schönbuchturm

Wollte ein Riese da Mikado spielen? Könnte man meinen, wenn man sieht, wie die Hölzer des Schönbuchturms auf der kleinen Anhöhe im Wald stecken. Aber keine Angst, fallen werden sie nicht, dafür sorgt schon die Konstruktion aus heimischem Lärchenholz und gespannten Stahlseilen. Etwas schwindelfrei sollte man allerdings sein, denn der Schönbuchturm schwankt mitunter ein bisschen – das ist durchaus gewollt. Der Mut lohnt sich. Wer die spiralförmige Treppe bis zur Aussichtsplattform auf 35 Meter Höhe hinaufsteigt, genießt einen sensationellen Panoramablick über den Schönbuch bis hin zur Schwäbischen Alb.

Wie wäre es anschließend mit einer kleinen Turm-Runde? Ein Pfad führt zunächst durch ein Waldstück, später über Streuobstwiesen, vorbei am Schlossberg Herrenberg, und endet nach 4,5 Kilometern am Pulverturm mit Blick auf die Stadt. Treppenstufen führen nun hinunter zum historischen Marktplatz von Herrenberg.
Ein Bummel durch die Altstadt lohnt sich nicht nur wegen der hübschen Fachwerkhäuser, sondern auch wegen der kleinen Läden und Cafés, darunter eine Weinstube und eine Fromagerie. Zurück zum Ausgangspunkt der Wanderung gehts entweder wieder durch den Wald oder mit dem stündlich fahrenden Bus Nummer 782. Ausstieg ist die Haltestelle Waldfriedhof.

L 1184, 71083 Herrenberg, Parkplätze am Naturfreundehaus Herrenberg, schoenbuch-heckengaeu.de/tipp/schoenbuchturm/

// Familien-Tipp

Bollerwagenverleih im Naturfreundehaus Herrenberg. So schaffen alle Kids die Runde! Dort gibt es auch das kleine Begleitbüchlein: Der »Sandmann aus Rohrau« nimmt die Kinder mit auf die Tour zum Schönbuchturm. Wer am Quiz teilnimmt, kann mit einer kleinen Belohnung rechnen.

Braucht etwas Mut, lohnt sich aber: der 35 Meter hohe Schönbuchturm

Fügt sich wunderbach in die Landschaft im Schönbuch ein: die filigrane Holzkonstruktion des Turms

2 Pfullinger Onderhos

Offiziell heißt er ja Schönbergturm, nur nennt ihn hier kaum einer so. »Onderhos« sagen die Einheimischen. Und tatsächlich sieht der rund 28 Meter hohe Aussichtsturm ein wenig so aus, als stünde da eine überdimensionierte lange Unterhose in der Landschaft. Zum 100. Geburtstag wurde das Bauwerk dann auch tatsächlich mit Stoff „angezogen".

Die Idee, auf dem Hochplateau des Pfullinger Schönberges einen Turm zu bauen, damit auch andere Naturbegeisterte die schöne Aussicht genießen könnten, hatten 1894 die drei Wanderfreunde Louis Laiblin, Eugen Nägele und Joseph Krauß beim Picknick. Zwölf Jahre später wurde der Turm eröffnet, finanziert durch private Spenden. Die eigenwillige Form entwarf der Stuttgarter Architekt und Stadtplaner Theodor Fischer.

Wer die 112 Stufen erklimmt, wird mit einer herrlichen Aussicht über die Schwäbische Alb belohnt. Am Wochenende hat auch der Kiosk auf dem 793 Meter hohen Schönberg geöffnet, wo Wanderer gern vespern. Autofahrer müssen mindestens 500 Meter entfernt am Parkplatz auf der Wanne aussteigen, denn die Unterhose aus Stein ist nur zu Fuß erreichbar.

www. onderhos.de

// Erst hoch hinaus, dann abtauchen

Unterirdisch schön ist die Nebelhöhle mit ihren unzähligen Stalagmiten und Stalaktiten.

Lohnendes Wanderziel: der Schönbergturm auf dem Hochplateau von Pfullingen

3 Schlossbergturm Freiburg

Ein Schlossberg ohne Schloss, wo gibts denn so was'? In Freiburg. Denn das Schlösschen Greiffenegg ist eigentlich ein Landhaus im Empirestil, und auf dem Berg selbst stand früher die Vauban'sche Festung.
An sonnigen Tagen haben die meisten, die auf den Schlossberg stiefeln, ohnehin ein anderes Ziel: den 33 Meter hohen Aussichtsturm. Nur rund 460 Meter befindet man sich auf der obersten Plattform über dem Meeresspiegel, und doch ist der Weitblick phänomenal – über den Schwarzwald, den Breisgau, die Rheinebene bis zu den Vogesen. Bei schönem Wetter natürlich auch auf die Alpengipfel.
Einst hielten den Turm hundertjährige Douglasienstämme beisammen, doch die wurden, nachdem Orkantief Lothar durchrauschte, durch Stahlträger ersetzt, was den nicht ganz Schwindelfreien einen stabileren Eindruck vermittelt.

Bietet einen phänomenalen Weitblick über den Schwarzwald bis hin zu den Vogesen

Hinaufspazieren kann man von der Freiburger Altstadt aus, hinter dem Schwabentor führt ein anfangs steiler Fußweg in rund 20 Minuten über den Kanonenplatz nach oben. Kurz vor dem Turm gabelt sich der Weg. Wer dem flacheren Teil oberhalb der Weinberge folgt, steigt rund 250 Stufen zum Turm und dann die Wendeltreppe zur Aussichtsplattform hoch. Die sportliche Einlage wird belohnt mit einem luftigen Rundum-Panorama. Alternativ lässt sich der Schlossberg mit der Bahn bezwingen, drei Minuten braucht der Schrägaufzug vom Stadtpark aus.
www.schlossberg-bahn.de

Freiburg im Breisgau

// Perfekter Sundowner-Spot

Die schönste Aussicht über die Stadt hat man vom Kanonenplatz oder vom Biergarten, nur wenige Schritte vom Schwabentor. Beste Zeit: Sonnenuntergang.

Mit 163 Metern sind die Triberger Wasserfälle die höchsten in Deutschland

#Wasserfall

23 Triberger Wasserfälle

Wild schäumend tost die Gutach hinunter ins Tal: 163 Meter tief, über sieben Granitstufen. Gischtspritzer flirren in der Luft, begleitet vom Donnern des Wassers. Die Kraft der Natur lässt sich hautnah spüren. Und zwar im wahrsten Sinne des Wortes: Freie Sicht auf die herabstürzenden Wassermassen bietet ein Holzsteg – inklusive einer erfrischenden Dusche.
Begehbar ist der Wasserfall in beide Richtungen, für sich allein oder als Teil einer Rundwanderung. Besonders schön sind die Serpentinen zwischen Scheffelbrücke am oberen Wasserfall und den unteren Kaskaden.
Deutschlands höchster Wasserfall gehört für die meisten Schwarzwaldurlauber zum Pflichtprogramm, auch im Winter. Sacken die Temperaturen lange genug unter null, entstehen bizarre Formen aus Eis, wenn die Kaskaden schwer mit Zapfen behangen sind.
Haupteingang über Hauptstraße 85, www.triberg.de

// Kuckuck

In Triberg steht die größte Kuckucksuhr der Welt, im Maßstab 60:1 originalgetreu nachgebaut. Allein der Vogel wiegt 150 Kilogramm und ruft täglich alle halbe Stunde. Das Uhrwerk kann auch von innen besichtigt werden.

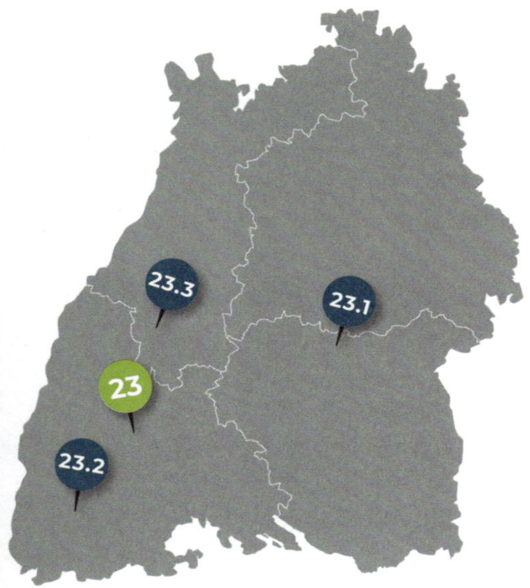

1 Uracher Wasserfall

Wer im Maisental dem murmelnden Brühlbach bis zum Ende des Tals folgt, erlebt eines der spektakulärsten Naturschauspiele der Schwäbischen Alb: den Uracher Wasserfall. Gischtfunkeln, Wassernebelschleier, Moosvorhänge am Karstbecken – zutiefst beeindruckend ist kein bisschen übertrieben. Im freien Fall stürzt der Uracher Wasserfall aus einer Karstquelle 37 Meter tief ins Maisental. Zwischen 70 und 420 Liter donnern je nach Jahreszeit über den Fels und fließen dann weitere 50 Meter in Kaskaden über eine mit Moos bewachsene Tuffsteinkante. Mit jedem Schritt bietet sich ein anderes Bild – wer die Stufen an der Seite bis zur Brücke hinaufsteigt, erlebt den Wasserfall aus ganz verschiedenen Perspektiven. Nur leider meist nicht allein, also am besten früh am Morgen kommen oder wenigstens unter der Woche.

Vom Wanderparkplatz führt ein fast ebener Weg etwa zwei Kilometer entlang des Baches

Zu jeder Jahreszeit ein grandioser Anblick: Uracher Wasserfall

zum Wasserfall, bis dahin auch mit Kinderwagen kein Problem. Weiter hinauf gehts nur zu Fuß. Motivation nötig? Auf der Hochwiese lockt die Wasserfallhütte mit einem leckeren Vesper. Wer will, kann auch selbst Mitgebrachtes auf den Grill werfen.

72574 Bad Urach, www.bad-urach-tourismus.de

// Nicht verpassen

Auf dem Bad Uracher Wasserfallsteig, Deutschlands schönstem Wanderweg 2016, warten noch weitere Highlights wie die Gütersteiner Wasserfälle mit vielen kleinen Kaskaden.

2 Todtnauer Wasserfall

Frühaufsteher sind klar im Vorteil. Sie genießen das Naturschauspiel in der ersten Reihe – auf den Liegen am Wasserfall aus nächster Nähe. Mit 97 Metern über fünf Stufen ist der Todtnauer Wasserfall zwar etwas kleiner als der in Triberg, doch nicht minder beeindruckend schießt der Stübenbach von Todtnauberg in die Tiefe. Dessen Quelle liegt am immerhin 1386 Meter hohen Stübenwasen im Hochschwarzwald. Seit 1987 steht der vollständig naturbelassene Wasserfall unter Denkmalschutz und gehört zu den zehn schönsten Naturdenkmälern in Deutschland.

Erkunden kann man den Todtnauer Wasserfall am besten bei einer kleinen Spazierrunde ab dem Wasserfallkiosk in Todtnau-Aftersteg. Nach einem recht ebenen Stück, vorbei an einer 300 Jahre alten Weidbuche, gehts am Wasserfall ganz romantisch über Brücken und Stege am Wasser entlang.
Der zwölf Kilometer lange Schwarzwälder Genießerpfad Wasserfallsteig lässt Wandererherzen höherschlagen: Vom Feldbergpass führt der Weg auf alpinen Steigen, über Kräuterwiesen sowie durch die Wolfsschlucht nach Todtnau. Mit ein wenig Glück lassen sich wilde Gämsen am Wegesrand beobachten.

Eingang: Todtnau-Aftersteg, Parkplatz am Wasserfallkiosk

// Nicht ohne mein Handy

Wie wäre es mit einer Schatzsuche? Geocacher kommen bei der modernen Schnitzeljagd am Todtnauer Wasserfall voll auf ihre Kosten.

Fast 100 Meter tief stürzt sich der Todtnauer Wasserfall in die Tiefe

Mystisch erscheint die Schlucht nahe dem Kloster Allerheiligen

Mit Getöse durch die Schlucht: Allerheiligen Wasserfälle

3 Allerheiligen-Wasserfälle

Die Allerheiligen-Wasserfälle bei Oppenau ganz gemütlich erleben? Ja, das geht. Am Wochenende einfach ein bisschen früher aufstehen oder noch besser gleich unter der Woche kommen. Dann ist die Schlucht unterhalb der Klosterruine aus dem 12. Jahrhundert durchaus ein mystischer Ort.
Der Grindenbach kommt ganz langsam in Fahrt, plätschert erst ein bisschen verträumt durch den Wald, frisst sich hier und da durch den Gneis, bevor er sich mit Getöse in die Schlucht stürzt, fast 90 Meter tief.
Für Fußgänger gehts weniger halsbrecherisch hinab. Entlang der sieben Kaskaden führt ein kleiner Waldpfad über Holzbrücken und Stufen vom Kloster Allerheiligen zum unteren Parkplatz. Etwas sportlicher ist man in umgekehrter Richtung unterwegs, klammaufwärts.
Die beste Schluchtenperspektive bietet der Sagenrundweg auf schmalen Felspfaden über die Engelskanzel mit einem sagenhaften Ausblick ins Lierbachtal. Die 100 Meter hohen Wände der Schlucht leuchten sattgrün vom feucht glänzenden Moos.
Abgesehen von den Stufen zum Wasserfall wird es nirgends so richtig steil, sodass auch Wandermuffel ihre Freude an dieser romantischen Tour haben werden. Bei der zweistündigen Wanderofferte, geführt vom Nationalparkteam, gibts obendrein noch die eine oder andere Geschichte dazu.

Klosterruine Allerheiligen 3, 77728 Oppenau

// Unbedingt probieren

Hausgemachte Allerheiligentäschle im Klosterrestaurant.

Weinberge am Kaiserstuhl

#Weingegend

24 Kaiserstuhl

Wer von grünen Terrassen auf Bali träumt, muss nicht um die halbe Welt reisen. Eine gewisse Ähnlichkeit mit dem Kaiserstuhl ist durchaus zu erkennen. Wie eine Insel erhebt sich der Kaiserstuhl zwischen Schwarzwald und Rhein aus der Oberrheinebene.

Auch wenn statt Reis hier Reben wachsen, die Topografie ist ähnlich spektakulär wie in der asiatischen Ferne. Sonnentechnisch kann der Kaiserstuhl ebenso mithalten – nirgends in Deutschland ist es wärmer. Ein Paradies für Burgundersorten, die man in urigen Winzerkellern, Straußwirtschaften, bei Weinfesten oder nach dem Wandern und Radfahren genießen kann.

Der ausgezeichnete 22 Kilometer lange Kaiserstuhlpfad zählt zu den schönsten Wanderwegen Deutschlands, regelmäßig finden kulinarische Radtouren statt.

www.naturgarten-kaiserstuhl.de

// Alternative

Eine Fahrt mit dem Rebenbummler, dem Museumszug, ab Riegel oder Endingen.

Die Alternativen

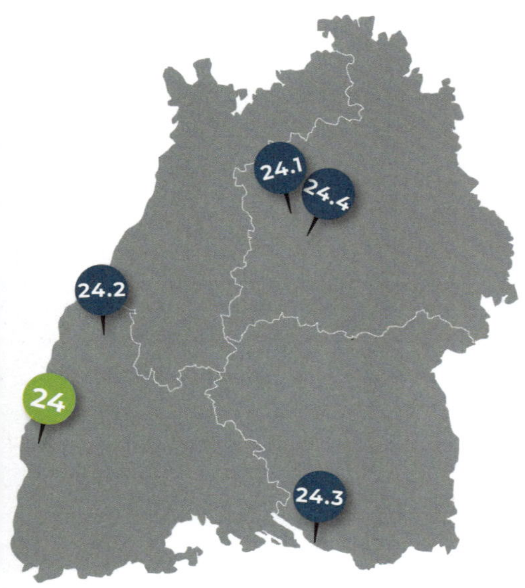

1 Besigheim

Als ob uns jemand geschrumpft und in einer Modelleisenbahn abgesetzt hätte – der knallrote Zug, der zwischen Weinbergen und Fluss durchs Bild gleitet, macht die Idylle fast zu perfekt. Die Landschaft ist auch so schon atemberaubend schön: Hänge voller Reben, die sich einem Amphitheater gleich um Besigheim ziehen. Zu deren Füßen windet sich die Enz, die ein paar Hundert Meter weiter in den Neckar mündet. Steil sind die Weinberge hier, dass es einem fast schwindlig wird.

Vielleicht liegt der Taumel auch an den 411 Stufen der Himmelsleiter, über die der Weinwanderweg vom Enztal in die Weinterrassen führt. Der Lohn: eine Wahnsinnsaussicht. »Weinkanzel« heißt die Aussichtsplattform, und es kommt das Gefühl auf, über den Weinreben zu schweben. Ein paar Meter nur ragt die Gitterplattform in den Weinberg, doch durch das starke Gefälle wirkt es um einiges dramatischer. Gegenüber grüßt Besigheim, laut einer TV-Publikumswahl Deutschlands schönster Weinort. Und das ist kein bisschen übertrieben: pittoreskes Mittelalterflair, Fachwerkgassen mit üppig bewachsenen Häuschen, das Dreigiebelhaus auf dem Marktplatz oder das Rathaus mit alemannischem Fachwerk, 1459 als Markthalle gebaut.

Aussichtskanzel in den Weinbergen gegenüber von Besigheim

Die meisten Häuser des denkmalgeschützten Altstadtkerns haben historische Gewölbekeller, in einigen wird bis heute Wein gelagert. Der längste und tiefste Keller stammt von 1556 – eine tolle Kulisse für gesellige Runden.
www.besigheim.de

// Unbedingt probieren

Weißwurst-Frühstück beim Metzger und Weißwurst-Weltmeister in der Hauptstraße. Und dann ab in die Weinstube.

Weinhaus in der Oberkircher Altstadt

2 Oberkirch

Seit Kurzem schmückt sich Oberkirch mit dem Attribut »Kleinstadtperle«. Bislang haben sich unter dieser Bezeichnung 16 Städte in Baden-Württemberg zusammengeschlossen, die vor allem zwei Dinge gemeinsam haben: einen einzigartigen Charme und dass sie etwas »ab vom Schuss« zu finden sind. Und gerade weil die ausgelatschten Touristenpfade einen Bogen um diese Kleinstadtperlen machen, gehören sie zu den Tipps für alle, die Stadt und Genuss gern verbinden. Wo ginge das besser als in einem Weinort. Oberkirch offeriert etwa eine kulinarische Tour in fünf Gängen. Mit einem Gläschen Prosecco und Häppchen startet die etwas andere Stadterkundung im Weinhaus am Mühlgraben, mitten in der Altstadt von Oberkirch.

Wie in einem Bilderbuch strahlen die Fachwerkhäuser am Mühlgraben, ein Seitenarm der Rench plätschert munter durch die Gassen, die üppig mit Geranien geschmückt sind. Für die weiteren vier Gänge spaziert jeder in seinem eigenen Tempo durch die Stadt, durch die Weinberge und zu den Sehenswürdigkeiten wie der Ruine Schauenburg oder verschiedenen historisch bedeutsamen Häusern. Gelegenheit, die feinen Ortenauer Weine zu probieren, findet sich in Oberkirch reichlich, am besten, man lässt sich einfach ein wenig treiben.
www.renchtal-tourismus.de

// Schon gewusst

Im sonnigen Klima reifen nicht nur Weintrauben, sondern auch Äpfel, Zwetschgen und Birnen voll aus. Rund 900 Schnapsbrenner üben in Oberkirch ihr hochprozentiges Handwerk aus. Einigen darf man dabei über die Schulter schauen.

3 Meersburg

»Die Aussicht ist fast zu schön!«, sagte Annette von Droste-Hülshoff. Die berühmte Dichterin des 19. Jahrhunderts hatte das rote Fürstenhäusle in den Meersburger Weinbergen hoch über dem See samt den umliegenden 5000 Rebstöcken ersteigert. Trotz oder vielleicht gerade wegen dieses atemberaubenden Blicks fand sie dann doch wieder Zeit zum Schreiben.
Wer heute das Museum nahe der Altstadt besucht, versteht jedoch: Von diesem Anblick möchte man sich gar nicht mehr trennen.

Wäre aber schade, denn in Meersburg gibts noch so viel mehr zu entdecken. Die historische Altstadt mit hübschen Häusern, das Neue Schloss, die Residenz der Fürstbischöfe, und natürlich die alte Burg. Mehr als 1000 Jahre Geschichte haben deren Mauern erlebt. Könige, Kaiser und Bischöfe haben am Bau mitgewirkt. Die Burg wurde belagert, doch niemals eingenommen oder zerstört. Durch die ehemalige Zugbrücke gelangt man in eine längst vergangene Zeit – die Zeit der Ritter, Burgfräulein und Fürstbischöfe wird lebendig in Palas, Waffenhalle, Rittersaal, Burgküche und mehr. Anschließend lohnt ein Bummel hinunter zum Hafen, wo die Schiffe nach Konstanz und zur Insel Mainau verkehren.

www.meersburg, www.burg-meersburg.de, www.fuerstenhaeusle.de

// Stilvoll genießen

Auf der Gartenterrasse des Neuen Schlosses im Meersburg.

Meersburg am Bodensee

Auf dem Wein-Lese-Weg von Marbach

4 Marbach

Der schönste Weg, um nach Marbach zu kommen? Auf dem Wasser. Bei einer Neckar-Kreuzfahrt von Stuttgart aus gemütlich an den Weinbergen vorbeischippern – das hat definitiv etwas. Fachwerkhäuser, Türme und Brunnen: Zwischen Weinbergen und Streuobstwiesen thront Marbach über dem Neckar. Eine der ältesten Landstädte in Württemberg, die Ende des 17. Jahrhunderts leider größtenteils abbrannte. Heute sind die in den Holdergassen wieder aufgebauten Häuser das Schmuckstück der Stadt. Das frühere Quartier der Weingärtner und Bauern lebt von einem einzigartigen Mix aus dicht gedrängten Häuschen, kleinen Ateliers und Werkstätten. Bunte Fensterläden, Blumen, Weinlaub, Bänke und eine kleine Brauerei laden ein zum Bummeln durch die drei parallel verlaufenden Kopfsteinpflastergassen – inklusive Schwätzchen mit den Bewohnern.
Einer der berühmtesten, der hier lebte, war Friedrich Schiller. Literatur und Wein passen hervorragend zusammen, fanden die Marbacher, und haben einen Wein-Lese-Weg geschaffen. Der folgt dem Württemberger Weinwanderweg – von der Marbacher Schiffsanlegestelle bis zum Wunnenstein im Bottwartal.

Es sei ein Drama, die Weine aus Marbach nicht zu kennen, heißt es im Prospekt der örtlichen Weingärtner. Und sie laden deshalb ein, dies mit einer Weinprobe schleunigst nachzuholen. Gelegenheit gibts reichlich – an mehreren Sommerwochenenden beim Ausschank am Wengerterhäusle. Wein und Aussicht genießen … kein Wunder, dass viele Einheimische diesen Ort zu ihrem Lieblingsplatz erkoren haben.
www.marbach-bottwartal.de

// Lesen und Laufen

Der Wein-Lese-Weg führt (auf einem Teilstück des Württemberger Weinwanderweges) auf 35 Kilometern Länge von von Marbach bis zum Wunnenstein im Bottwartal. 15 Literaturtafeln inspirieren am Wegrand mit Zitaten und Anekdoten.

Donautal

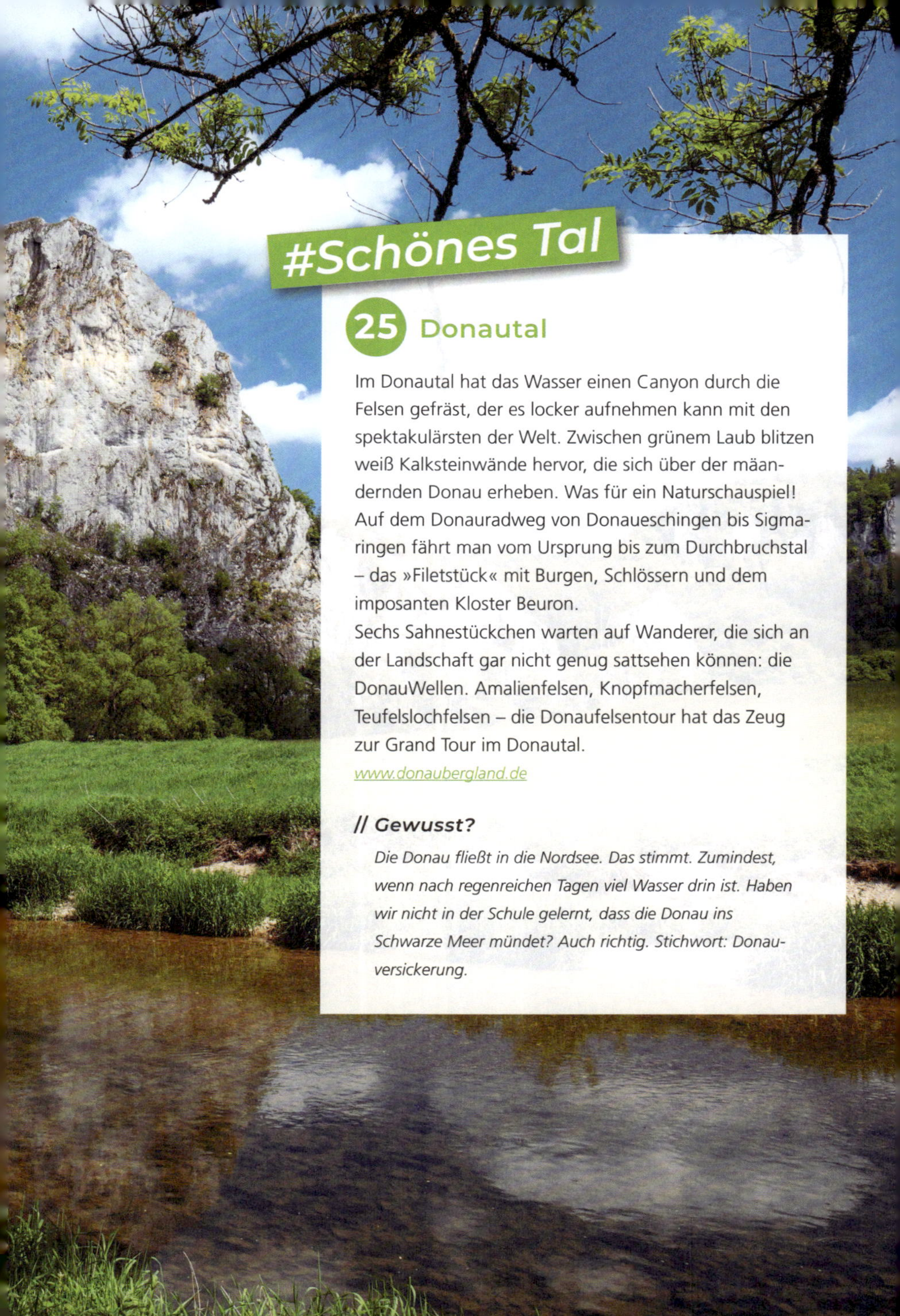

#Schönes Tal

25 Donautal

Im Donautal hat das Wasser einen Canyon durch die Felsen gefräst, der es locker aufnehmen kann mit den spektakulärsten der Welt. Zwischen grünem Laub blitzen weiß Kalksteinwände hervor, die sich über der mäandernden Donau erheben. Was für ein Naturschauspiel! Auf dem Donauradweg von Donaueschingen bis Sigmaringen fährt man vom Ursprung bis zum Durchbruchstal – das »Filetstück« mit Burgen, Schlössern und dem imposanten Kloster Beuron.
Sechs Sahnestückchen warten auf Wanderer, die sich an der Landschaft gar nicht genug sattsehen können: die DonauWellen. Amalienfelsen, Knopfmacherfelsen, Teufelslochfelsen – die Donaufelsentour hat das Zeug zur Grand Tour im Donautal.
www.donaubergland.de

// Gewusst?

Die Donau fließt in die Nordsee. Das stimmt. Zumindest, wenn nach regenreichen Tagen viel Wasser drin ist. Haben wir nicht in der Schule gelernt, dass die Donau ins Schwarze Meer mündet? Auch richtig. Stichwort: Donauversickerung.

Die Alternativen

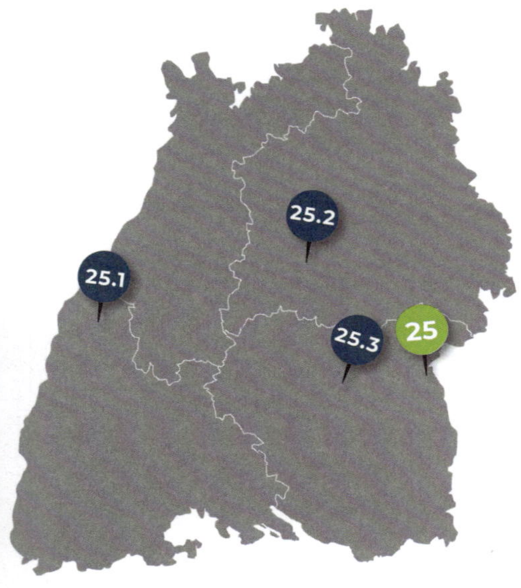

1 Renchtal

Schwarzwaldidylle plus Genuss plus Wandervergnügen … macht zusammen: das Renchtal. Tangiert von der Badischen Weinstraße auf der einen Seite und dem Nationalpark Schwarzwald auf der anderen. Scheinbar endlos wirken die Obst- und Weingärten, aus denen feine Weine und Brände entstehen. Mehr als 1000 Destillerien zählt das Renchtal. So viel Kirschwasser, Williams Christ und Himbeergeist auf einem Fleck ist wahrscheinlich einmalig.
Die ersten Erdbeeren und Kirschen aus dem Renchtal sind jedes Jahr eine Freude und ebenso beliebt wie die Straußwirtschaften, in denen man immer ein Plätzchen und die nette Gesellschaft der Einheimischen findet. Und sicher sein kann, dass es »gschmeckt het«.

Nach so viel Schlemmerei tut ein wenig Bewegung ganz gut: Rund 800 Kilometer Wander- und Radwege machen jede Kaloriensünde wieder wett. Wobei auf den top ausgeschilderten Touren oft schon die nächste Versuchung lauert. Egal, dann absolviert man eben noch eine kleine Extrarunde und erklimmt die schönsten Aussichtspunkte im Renchtal wie den Buchkopfturm oder den Geigerskopfturm oder das Hexenhäuschen auf dem Sohlberg.
Geheimnisumwittert wird's zuweilen auch im Renchtal: Die Allerheiligen-Wasserfälle und die gleichnamige Klosterruine sind der Stoff, aus dem Fantasyserien entstehen.
www.renchtal-tourismus.de

// *Einmaliges Zeugnis mittelalterlicher Religionskunst*

Die spätgotische Wallfahrtskirche Mariä Krönung in Lautenbach aus dem 15. Jahrhundert.

Renchtalhütte bei Peterstal-Bad Griesbach

2 Remstal

Dass immer der gleiche Film läuft, stört hier keinen. Im Gegenteil. An diesem faszinierenden Lichtspiel zum Sonnenuntergang, wenn sich die Weinberge in warme Goldtöne hüllen, kann man sich gar nicht oft genug berauschen im Remstalkino. Vom kleinen Aussichtspunkt über Weinstadt-Beutelsbach reicht der Blick weit über das Tal hinaus. Doch warum in die Ferne schweifen: Direkt vor den Toren der Metropole Stuttgart gelegen, hat sich das Remstal in den letzten Jahren wirklich hübsch gemacht, nicht zuletzt dank der Gartenschau.

Auf den 78 Kilometern, die die Rems von der Quelle auf der Ostalb bis zur Mündung in den Neckar bei Remseck zurücklegt, ist einiges geboten. Für Wanderer: der 215 Kilometer lange Remstalweg. Für Wasserratten: die Kanustrecke von Weinstadt nach Waiblingen mit schönen Rastplätzen am Ufer. Für Radler: entspannte Touren am Fluss oder gut ausgeschilderte Schleifen ins Hinterland. Für Kulturfans: das Kloster Lorch oder – wer einen kleinen Abstecher machen mag – das Stauferschloss Wäschenbeuren. Für Weingenießer: urige Besenwirtschaften und Weinstuben. Strandfeeling? Selbst das gibts im Remstal. In Schwäbisch Gmünd zum Beispiel oder in Neckarrems. Wem der Sinn nach einem spontanen Weinvesper unterwegs steht, wird an einem der Automaten im Remstal fündig, die nicht nur perfekt temperierten Wein, sondern auch Gläser und Snacks bereithalten.

www.remstal.de

// Celebrate the Sunset

Kühltasche mit leckeren Remstalwein bestücken, rechtzeitig da sein, um einen Platz in der ersten Reihe zu erhaschen, und dann das Naturschauspiel im Remstalkino genießen.

Die Rems in Schwäbisch Gmünd

Blick ins Lautertal von der Burg Hohengundelfingen aus

3 Großes Lautertal

Wacholderheiden, Burgruinen, Bootsfahrt in einer Höhle, ein Flüsschen, das wild und munter durch die Landschaft kurvt – im großen Lautertal ist alles beieinander. Der Nebenfluss der Donau zieht kleine Schleifen durch das Tal, flankiert von Waldhängen und steil aufragenden Felsen, mitten durch die Kernzone des Biosphärenreservats. Hier baut sogar der Biber seit einigen Jahren wieder Burgen und Dämme.
Bei Gundelfingen lohnt sich vor allem für Radler – E-Bike oder gute Kondition vorausgesetzt – ein Abstecher hinauf zur Burg Hohengundelfingen. Der Blick von der Burgruine ins Lautertal ist grandios. In Rietheim weist eine kleine Brücke auf eine regionale Delikatesse hin, die hier seit 250 Jahren auf der Schwäbischen Alb gezüchtet wird: die Albschnecke. Probieren? Ja, ab November in den umliegenden Lokalen.
www.schwaebischealb.de

// Lust auf mehr Outdoorabenteuer?

Gibts im Hofgut Hopfenburg beim Übernachten im Tipi, in einer mongolischen Jurte oder im Schäferwagen.

Badeparadies:
Palmen am Titisee im Schwarzwald

#Wellnessoase

26 Badeparadies Schwarzwald

Mal eben in die Karibik? Das geht – im Schwarzwald. Im Badeparadies am Titisee unter Palmen im tropisch warmen Wasser planschen und dabei einen Cocktail schlürfen an der Poolbar – wie cool ist das denn? Selbst drinnen scheint die Sonne durch das riesige Glasdach beim Relaxen in der Blauen Lagune. Schon mal in Lithium-Calcium oder Zink-Selen gebadet? In den fünf Mineralpools laden nicht nur die mentalen Akkus komplett auf. Richtig heiß wird's im Palais Vital: Zehn Themensaunas bringen einen ins Schwitzen, der rauschende Wasserfall in der Kristalldusche kühlt anschließend wieder auf Betriebstemperatur.

So tiefenentspannt kommt ein Adrenalinkick gerade recht: 23 Hightechrutschen im Galaxy-Universum. Superlative? Aber ja doch: Ganze 180 Meter Spaß bietet die längste Reifenrutsche Baden-Württembergs.

Am Badeparadies 1, 79822 Titisee-Neustadt,
www.badeparadies-schwarzwald.de

// Für Sparfüchse

Ab zwei Übernachtungen ist bei einigen Gastgebern die Schwarzwald-Card enthalten, mit der drei Stunden Aufenthalt in der Palmenoase gratis sind.

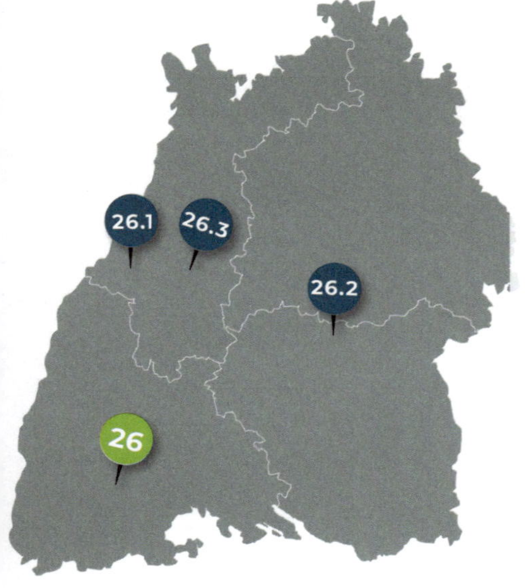

1 Friedrichsbad Baden-Baden

Der Badepalast aus dem 19. Jahrhundert übt bereits von außen eine immense Anziehungskraft aus. Insgesamt 17 Stationen durchläuft man im Friedrichsbad – und zwar nackt. Eine freundliche Bademeisterin dirigiert die Besucher zackig und im breiten badischen Dialekt durch den Parcours.
Nach einer heiß-kalten Dusche wandelt man über Marmorboden weiter in die Heißlufträume. Bei Temperaturen zwischen 54 und 68 Grad fährt der Körper schnell in den Ruhemodus herunter. Beim Anblick der historischen Majolika-Kacheln an der Wand denkt man an Mark Twain, der im Winter 1877/78 über einen Besuch im Friedrichsbad schrieb: »Nach zehn Minuten vergessen Sie die Zeit und nach 20 Minuten die Welt.«

Wie eine warme Decke: Im Sprudelbad legt sich das Wasser angenehm über den Körper, gleichzeitig wird der Rücken sanft massiert. Im Kuppelsaal reicht der Blick beeindruckende 18 Meter bis zur Decke und zu den römischen Statuen hinauf, während man seine Runden im Bewegungsbecken dreht. Nach einer Abkühlung im Tauchbad und einer Portion Pflegelotion wickelt einen die Bademeisterin in vorgewärmte Decken ein für ein Nickerchen im holzgetäfelten Ruheraum – perfekter Stressabbau.
Römerplatz 1, 76530 Baden-Baden, www.carasana.de/de/friedrichsbad

// Nicht verpassen

Trinkhalle und Kurpark im Zentrum von Baden-Baden.

Historisches Flair im Friedrichsbad

Stilvoll baden unter der Kuppel aus dem 19. Jahrhundert

2 Albthermen Bad Urach

Eintauchen. Entspannen. Erholen. Damit werben viele Thermen und Wellnesstempel. Nicht jede hat allerdings eine solch atemberaubende Aussicht wie die Albthermen in Bad Urach. Links thront die Burgruine Hohenurach über dem Maisental, und gegenüber trifft der Blick auf die steilen Waldhänge der Schwäbischen Alb. Man selbst schwebt bei diesem Anblick gemütlich im bis zu 38 Grad heißen Mineralwasser. Baden mit Aussicht – das hat was. Man spürt, wie Körper und Geist ruhiger werden und die Muskeln sich entspannen. Das Thermal-Mineralwasser fließt aus 770 Meter Tiefe in sechs verschiedene Becken mit Temperaturen zwischen 32 und 38 Grad, Dutzende Massagedüsen verwöhnen die Muskulatur. Besonders der »Blautopf« eignet sich zum Abschalten vom stressigen Alltag. Abends ab Beginn der Dämmerung erzeugen farbige Lichter in den Albthermen den Eindruck eines sanften Sonnenuntergangs. Ins Schwitzen kommt man in acht verschiedenen Saunen – von der milden 50-Grad-Bio-Sauna und der Infrarot-Albsonne bis zur klassischen Finnischen Sauna mit 80 Grad. In der Dampfkammer werden werden zu den Aufgusszeiten Meersalz- und Honigpeelings angeboten.

Vom weitläufigen Saunahof kommt man in die »Uracher Schmiede«, ein kreislaufschonendes Steinbad, und nebenan ins Brechelbad, das einer bäuerlich rustikalen Stube nachempfunden ist. In der Waldlounge knistert an kalten Tagen der Kamin. Mit leckeren Salaten und Snacks verwöhnt die Kanto-Bar und die Sonnenterrasse mit schönstem Albpanorama.

Bei den Thermen 2, 72574 Bad Urach, www.albthermen.com

// Nicht verpassen

Nur einen kurzen Spaziergang entfernt stürzt sich der Uracher Wasserfall spektakulär in die Tiefe – einer der schönsten auf der Schwäbischen Alb.

Albthermen Bad Urach

Fühlt sich an wie ein orientalischer Traum: Palais Thermal in Bad Wildbad

3 Palais Thermal

Ein Märchen aus 1001 Nacht – im Palais Thermal wird es wahr. Nicht nur wegen der maurisch anmutenden Architektur, die der historischen Therme einen ganz besonderen Charme verleiht. Blumenornamente an den Wänden und orientalisch verzierte Marmorsäulen begeisterten schon Mitte des 19. Jahrhunderts die Gäste. Im Erdgeschoss fühlt man sich tatsächlich in einen Hamam versetzt; große und kleine Hallen, Sitz- und Sprudelbecken mit Skulpturen sorgen für eine nahezu private Atmosphäre. Bunt verglaste Jugendstilfenster erfüllen den Raum mit Licht- und Schattenspielen. Baden kann hier jeder wie er will: nackt oder bekleidet.

Meditieren oder den Duft aromatischer Zirben inhalieren: In den oberen Etagen befinden sich sieben verschiedene Saunen, dazu ein Römisches Dampfbad, eine Ice-Lounge, Kneipp- und Tauchbecken sowie so stilvolle wie bequeme Corbusier-Liegen zum Ausruhen.

Frischluftfans genießen das wohlig warme Wasser im Außenpool auf dem Dach der Therme – mit herrlichem Blick auf den gegenüberliegenden Sommerberg. Und in der Sauna-Lounge darf angeregt geplaudert werden, was in normalen Schwitzhütten als ziemlicher Fauxpas gilt.

Kernerstraße 5, 75323 Bad Wildbad, www.palais-thermal.de

// Für Aktive

Mit der Sommerbergbahn gehts in wenigen Minuten auf den Berg, wo ein Baumwipfelpfad, ein Märchenweg, eine spektakuläre Hängebrücke, Mountainbike-Trails und wunderschöne Wege durch den Wald keine Outdoorwünsche offenlassen.

27 Feldberg

Der 1493 Meter hohe Feldberg ist keiner der Berge, auf denen man stolz am Gipfelkreuz posiert, sondern ein grünes, weitläufiges Plateau. Mit traumhaftem 360-Grad-Panorama auf Alpen, Vogesen, Schwäbische Alb und die Hegau-Vulkane – erst recht von der Aussichtsplattform des Feldbergturms.
Wer's bequem mag, schwebt mit der Feldbergbahn vom Haus der Natur hinauf zum Vorberg, dem Seebuck. Der eigentliche Gipfel liegt zwei Kilometer entfernt, deshalb sollte es auch eher Feldbergmassiv heißen. Im Sommer lohnt das Hochgondeln kaum, eine knappe halbe Stunde dauert der Spaziergang zur Bergstation. Anders im Winter, da schaufelt der Sessellift Skifahrer auf den Feldberg, ins größte Skigebiet Deutschlands.

www.feldberg.org

// Appetitanregend

Das Schwarzwälder Schinkenmuseum im Feldbergturm – mit Aromastation und Rezepten zum Mitnehmen.

Alpenpanorama auf dem Feldberg

Die Alternativen

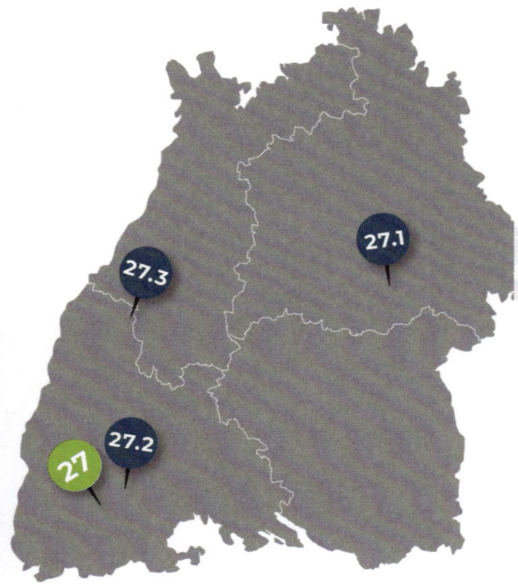

1 Hohenstaufen

Dass die Staufer ihre Burg auf dem Hohenstaufen bauten, leuchtet ein. So konnten sie schon von Weitem sehen, wer »zu Besuch« kam. Vom Stauferland zwischen Göppingen und Schwäbisch Gmünd aus gewann die Adelsdynastie bald Macht und Einfluss in Mittel- und Südeuropa. Deren Dienstleute bauten gegenüber auf dem Rechberg eine Burg, der dritte Kaiserberg im Bunde, der Stuifen, war nie bewohnt. Von den Mauern der einst stolzen Burg sind nur noch Reste zu sehen, der Ausblick bis zur Alb dagegen ist genauso schön wie vor 1000 Jahren.

Schlappe 20 Minuten und ein paar Serpentinen dauert der Spaziergang vom Parkplatz durch den Wald bis zum Gipfel auf 684 Metern Höhe – der eigentlich eher ein Plateau ist. Anders als die Kegelform vermuten lässt, ist der Hohenstaufen auch kein Vulkan, sondern eher der Beweis, dass die Schwäbische Alb einst bis hierher reichte.

An Prominenz hat es dem Hohenstaufen nie gemangelt: Kaiser Friedrich Barbarossa weilte hier ebenso wie der badische Markgraf ein paar

Markanter Kegel in der Landschaft: Hohenstaufen, einer der drei Kaiserberge

Blick auf den Titisee

Hundert Jahre später. Die württembergische Herzogin Charlotte wanderte auf den Berggipfel, und für eine Visite des späteren württembergischen Königs Friedrich errichtete man sogar einen Triumphbogen am Weg zum Gipfel.
www.burgruine-hohenstaufen.de,
www.berg-hohenstaufen.de

// Albmarathon

Ambitionierte Wanderer meiden die Spaziergänger-Rushhour am Sonntagnachmittag und starten schon frühmorgens, schließlich haben sie nicht nur ein Ziel, sondern gleich drei: Hohenstaufen, Rechberg und Stuifen. Rund acht Stunden dauert die 25 Kilometer lange Drei-Kaiserberge-Runde – mit traumhaften Ausblicken über das Remstal und Filstal.

2 Hochfirst

Manchmal pfeift es einem hier oben so mächtig um die Ohren, dass man sich kaum auf den Beinen halten kann. Auch der 1888 errichtete Holzaussichtsturm konnte dem Orkan von 1890 nicht standhalten. Bei schönem Wetter allerdings ist der Gipfel des Hochfirst ein paradiesischer Ort.

Von der trubeligen Seestraße in Titisee aus führt ein wenig anstrengender Wanderweg 363 Höhenmeter durch den Wald hinauf, wo etwa 90 Minuten später eine atemberaubende Aussicht wartet: Titisee, Feldberg, Kandel, Alpen – und bei klarer Sicht sogar der Mont Blanc. Wer dem Himmel noch ein bisschen näher sein möchte, erklimmt die Plattform des Hochfirstturms, der heutzutage aus Stahl und mit Fixseilen gesichert ist. Ein zünftiges Vesper serviert das Berggasthaus, schöner sitzt man jedoch auf den Bänken oder der Wiese unterhalb des Turms – den Hochschwarzwald zu Füßen. Mit seinen 1192 Metern zählt der Hochfirst zu den höchsten Bergen im Schwarzwald. Wintersportfans ist das längst ein Begriff: Auf der Hochfirstschanze an der östlichen Bergseite, der größten Naturschanze Deutschlands, treffen sich jedes Jahr beim Weltcup-Springen die Skiadler aus der ganzen Welt, wo auch mit der Hochfirstspur auf rund 1000 Metern eine Langlaufloipe rund um die Kirche in Saig gespurt wird.

// Lohnt sicht

Abstecher zur Hochfirstschanze. Der Zugang erfolgt durch das »olympische Dorf«, das sind 15 Blockhäuser im Springerdorf, die nach den Austragungsorten der Olympischen Winterspiele benannt sind – von Salt Lake City, Nagano, Calgary bis nach Innsbruck, Grenoble, Chamonix oder Oslo sind es nur wenige Schritte.

Skisprungschanze auf dem Hochfirst

Hornisgrindeturm

3 Hornisgrinde

Mit Superlativen ist das so eine Sache. Bei der Hornisgrinde kommen gleich mehrere zusammen: Mit 1167 Metern ist das der höchste Berg im Nordschwarzwald. Mit 2200 Litern Wasser pro Quadratmeter fallen hier mehr Niederschläge als irgendwo sonst in Deutschland, von den Alpen einmal abgesehen. Und an die 180 Tage im Nebel sind auch rekordverdächtig. Dabei ist das längst noch nicht alles, was die Hornisgrinde zu bieten hat. Ein Hochmoor beispielsweise, auch das eines der größten im Schwarzwald, am Südgipfel bis zu sieben Meter dick. Am besten kann man Moor und Berg über den Grindenpfad erkunden. Auf dem Gipfelplateau erklären Schautafeln alle wichtigen Lebensräume hier oben und wer hier so heimisch ist. Ziemlich unterhaltsam: das Tagebuch einer Auerhenne. Ja, auch die gibts im Schwarzwald noch, auch wenn sie sich nur selten blicken lassen. Hören kann man sie dagegen schon, vor allem am Morgen, wenn die Tagesausflügler noch fern sind.

Wer nicht gerade an einem Montag auf die Hornisgrinde spaziert, sollte sich den Blick vom Turm nicht entgehen lassen – und nicht nur den Mummelsee so aus einer anderen Perspektive betrachten.

Die beste Jahreszeit für einen Besuch? Gibts nicht. Im Frühling blüht das Wollgras, im Spätsommer die Heide lila und im Herbst leuchtet die ganze Hornisgrinde in warmem Goldgelb. Und an schönen Wintertagen blickt man von hier oben auf das Nebelmeer und genießt die Wärme der Wintersonne.

Start vom Parkplatz Mummelsee, Schwarzwaldhochstraße 11, 77889 Seebach, oder über den Schwarzwälder Genießerpfad vom Seibleseck.

// Hungrig?

Eine zünftige Einkehr verspricht die Grinde-Hütte im modernen Schwarzwald-Chic neben dem Turm.

#Spektakuläre Schlucht

28 Wutachschlucht

Manchmal macht sie ihrem Namen alle Ehre, die Wutach. Als wilder Fluss tobt sie dann durch die Schlucht, und ihr Pegel schwillt schon mal auf zwei, drei Meter an. Wer oder was dann im Weg steht, hat keine Chance. Sie ist selbst stärker als die Granitbrocken vom Feldberg, die sie schon fast 30 Kilometer weit mitgerissen und als Kiesel behalten hat. Irgendwann beruhigt sie sich wieder, fließt friedlich vor sich hin, als könnte sie kein Wässerchen trüben. Entlang steiler Felswände, bizarrer Steinformationen, vorbei an bemoosten Bäumen, die aussehen, als streckten sie ihre dünnen Äste wie Finger in die Luft. Mal ist das Ufer dschungelartig verwachsen, mal balanciert man auf dem schmalen Pfad an der Felswand entlang über der Wutach.

Lust auf ein Schluchten-Abenteuer? Der vielleicht schönste Teil des Fernwanderweges Schluchtensteig verläuft mitten durch die Wutachschlucht.

Wanderparkplätze zwischen Löffingen und Bonndorf im Schwarzwald, Wanderbus: www.dbregiobus-bawue.de

// Gut zu wissen

Mit dem Wanderbus (Mitte Mai bis Mitte Oktober) und der KONUS-Card kommt man umweltfreundlich, kostenlos und ohne Auto ins Naturschutzgebiet Wutachschlucht.

Auf dem Schluchtensteig durch die Wutachschlucht im Hochschwarzwald

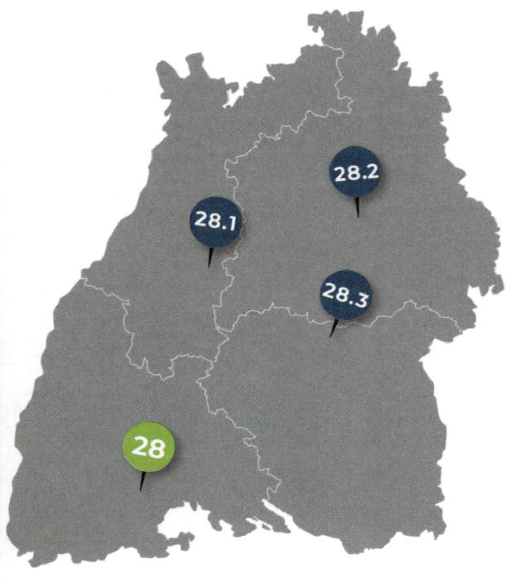

1 Monbachschlucht

Wild, romantisch und sehr, sehr grün – so zeigt sich die Monbachschlucht besonders im Frühsommer. Ein einmalig schönes Naturerlebnis ist das Monbachtal bei Bad Liebenzell im Nordschwarzwald aber zu jeder Jahreszeit.
Fifty shades of green: Das frische Grün der Bäume leuchtet in zig Farbtönen und entführt in eine andere Welt. In einen verwunschenen Wald voller Farne und Flechten. Jedenfalls dann, wenn man die Spaziergänger-Rushhour am Wochenende meidet und etwas früher kommt als all die anderen Ausflügler, entfaltet die Monbachschlucht ihre Magie.

Dem Rauschen des Monbaches folgt man immer weiter in die Schlucht hinein. Die so wild wirkt – und doch sanft zugleich. Felsbrocken mit flauschigem Moospolster wirken wie ins Wasser drapierte Kissen. Die Luft ist klar und angenehm kühl; im Frühsommer dringen die Sonnenstrahlen durch das noch lichte Blätterdach und zaubern Glanzlichter auf den Monbach.
Der Pfad durch die wilde Monbachschlucht führt direkt am Wasser entlang, mal auf der einen, mal auf der anderen Seite. Teils schmal, steinig und von Wurzeln bedeckt, umgestürzte Baumstämme liegen quer zwischen riesigen Felsbrocken – ein echtes Naturerlebnis.
Klein, aber nicht weniger beeindruckend: der Wasserfall in der Monbachschlucht. Über zwei Stufen rauscht das Wasser kaskadenartig hinunter und sammelt sich in einem kleinen Naturbecken.
Ausgangspunkt: Parkplätze am Café Monbachtal, Im Monbachtal 1, 75378 Bad Liebenzell

// Nach der Tour

Eine Runde Minigolf am Eingang zur Schlucht, rauf auf die Burg Liebenzell oder rein ins warme Mineralwasser der Paracelsus-Therme.

Wildromantisches Monbachtal

Über Stock und Stein durch drei Schluchten im Welzheimer Wald

2 Drei-Schluchten-Weg im Welzheimer Wald

Feenspuren. Klingt mystisch – und ist es auch. Der Drei-Schluchten-Weg im Welzheimer Wald passiert nicht etwa nur eine Schlucht, sondern gleich drei: Wieslaufschlucht, Edenbachtal und Strümpfelbachtal. Eine wildromantischer als die andere.

Im Edenbachtal darf die Natur noch Natur sein. Über Stock und Stein im wahrsten Sinne führt der Weg hinunter in die Schlucht, teils über Stege und mit Seilen gesichert. An der Laufenmühle lohnt nicht nur für Familien ein Stopp auf dem »Erfahrungsfeld der Sinne Eins + Alles« der Lebens- und Arbeitsgemeinschaft Christopherus e.V. In der Kaffeerösterei bekommen auch die Großen neuen Schwung zum Weiterwandern. Durch die Wieslaufschlucht gehts anschließend weiter zur historischen Klingenmühle, und von dort wieder hinauf zum Steinbachviadukt, einer der drei imposanten Brücken, die die Schwäbische Waldbahn passiert.

Wirklich feenhaft wird es im Strümpfelbachtal mit den vielen kleinen Wasserfällen entlang des Baches, bevor der Weg eine letzte Steigung auf die Hochfläche um Schmalenberg nimmt – und uns mit einem grandiosen Ausblick belohnt. Über die Geldmachersklinge gehts auf naturnahen Pfaden zurück ins Wieslauftal zum Ausgangspunkt.

www.feenspuren.de/drei-schluchten

// Gleich um die Ecke

Ebnisee mit Tretbootverleih, klarem Wasser zum Schwimmen und mehreren Biergärten.

Wild und schaurig schön: Wolfsschlucht

3 Wolfsschlucht

Nein, Wölfe gibts hier schon lange keine mehr. Vielleicht waren nie welche hier. Woher die Wolfsschlucht ihren Namen hat, bleibt ungewiss. Fakt ist, dass sie zu den wildesten und schönsten Schluchten der Schwäbischen Alb zählt.
In einem Seitental des Flüsschen Erms südlich von Bad Urach wartet die Wolfsschlucht mit viel Grün, aber auch mit beeindruckenden Felsen. Eine Eisentreppe hilft dabei, auch in einen schwer zugänglichen Teil der schönen Schlucht zu kommen.

Ein Highlight in der feuchten und auch im Sommer kühlen Klamm sind die Sinterterrassen, die durch mineralische Ablagerung entstanden sind. In jedem Fall muss man mit rutschigen, matschigen und steinigen Wegstellen rechnen. Trittsicherheit und Schwindelfreiheit sind ebenfalls ein Muss.

Bester Ausgangspunkt: Parkplatz Rulaman P66 oder Wanderparkplatz P65 Hohenwittlingen, www.badurach-tourismus.de

// Wandertipp

Der Hohenwittlingensteig ist ein sechs Kilometer langer abwechslungsreicher Rundweg, der unter anderem auch durch die Wolfsschlucht führt.

Sehen aus wie in der Südsee, stehen aber am Bodensee: Pfahlbauten in Unteruhldingen

#Zeitreise

29 Pfahlbauten Unteruhldingen

Einmal in die Südsee, … aber bitte ohne Anreisestress. Dann also: ab an den Bodensee. Die Stelzenbungalows im Freilichtmuseum Unteruhldingen erinnern schon sehr an Bora Bora. Reetdach an Reetdach stehen 23 solcher Pfahlbauten im auch hierzulande oft türkis schimmernden Wasser. Ein ganzes Dorf, das originalgetreu rekonstruiert und 2011 zum Weltkulturerbe erklärt wurde. In 60 Minuten reist man im Steinzeit-Parcours einmal durch die Zeit, 6000 Jahre zurück, und erlebt, was sich frühzeitliche Häuslebauer unter schwäbischer Gemütlichkeit vorstellten: Stoff, jahrtausendealtes Brot, Werkzeuge – das Inventar ist gut erhalten, konserviert durch Wasser und Moor.

Strandpromenade 6, 88690 Uhldingen-Mühlhofen, www.pfahlbauten.de

// Tipp

Wer die Pfahlbauten für sich allein haben (und nicht unbedingt hinein) will, steuert diese mit dem Tretboot vom Wasser aus an (Start im Jachthafen von Unteruhldingen).

Die Alternativen

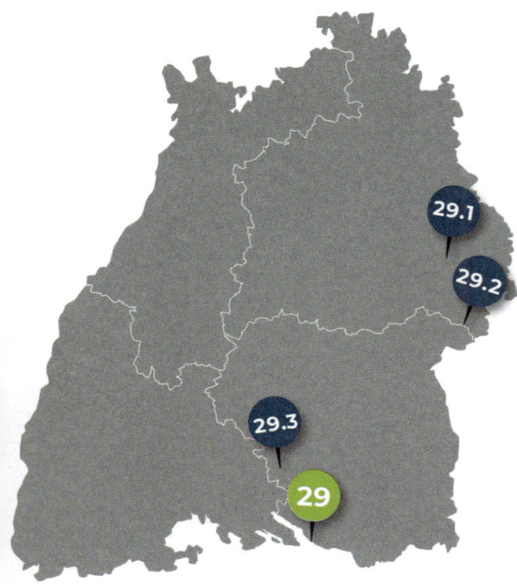

Eine Reise entlang des 164 Kilometer langen alten Grenzwalls

1 Limesmuseum Aalen

Einst sicherte der 550 Kilometer lange Limes das römische Weltreich gegen feindliche Nachbarn, heute verbindet das UNESCO-Welterbe Europa – von Schottland bis zum Schwarzen Meer. Ein Kulturdenkmal von unschätzbarem Wert. Sieben Millionen Euro hat der Umbau des Museums in Aalen gekostet, das seit 2019 wieder zu einer Reise entlang des ehemaligen Grenzwalls vor 1800 Jahren einlädt – ganze 164 Kilometer verlief der Limes durch Baden-Württemberg. Kastelle, Wachtürme, Mauern und Palisaden: War der Limes ein Bollwerk gegen die Germanen oder ein Monument, das sich die Römer selbst setzten? Die Ausstellung informiert und regt zum Nachdenken über Grenzen an.
1500 Originalfundstücke aus verschiedenen Orten wurden im nagelneu renovierten Aalener Museum zusammengetragen. Darunter Bronzegefäße eines Privathaushaltes, die im Kastelldorf aus Angst vor germanischen Plünderern in einem Brunnen versenkt wurden, oder der Gesichtshelm eines römischen Reitersoldaten. Wie das Leben der Soldaten und Zivilisten am Limes damals konkret aussah, »erzählen« Marcus, Claudia und Fratto – alle drei lebten zu Römerzeiten tatsächlich in Aalen, wie Aufzeichnungen dokumentieren.
Im archäologischen Park finden sich Überreste des einst größten römischen Reiterkastells nördlich der Alpen inklusive Stabsgebäude mit gut erhaltenem Fahnenheiligtum. Ein beschilderter Rundweg erklärt diese Anlage.

St.-Johann-Straße 5, 73430 Aalen, www.limesmuseum.de

// Perspektivwechsel

Aufsteigen statt ausgraben – der 26 Meter hohe Aalbäumlesturm auf dem Aalener »Hausberg« Langert belohnt mit einem 360-Grad-Panorama.

Mehr als 40 000 Jahre alt sind die Höhlen auf der Ostalb

2 Archäopark Vogelherd

Das Mammut vom Vogelherd und der Löwenmensch – kaum ein derzeit bekanntes Kunstwerk ist älter als diese beiden Steinzeitler, die man in den Höhlen der Schwäbischen Alb gefunden hat. Rund 40 000 Jahre alte Schmuckstücke, die man in der Schatzkammer des Besucherzentrums bestaunen kann.

Wie erlegt man ein Mammut? Wie funktioniert eine Speerschleuder? Die Steinzeitjäger mussten sich etwas einfallen lassen, schließlich waren sie die schwächeren Kreaturen. Haben sie auch, wobei das Zersägen von Knochen mit einem Steinzeitmesser nicht die einfachste Übung gewesen sein dürfte. Auch das Feuermachen erforderte Geschick: Gib mir Zunder. Dazu Feuerstein sowie Pyrit, dann wird daraus flugs ein Feuer. Auch das musste man können in der Steinzeit, nicht nur um das Mammut weich zu kochen, sondern auch für Schutz und Wärme. Wie's geht, zeigen die Archäoguides. Das gerade erworbene Wissen kann an einer der Grillstellen gleich ausprobiert werden, auch wenn das Steak heute nicht vom Eiszeit-Giganten stammt.

Eine geeignete Bleibe zu finden, war schon vor 100 000 Jahren nicht ganz einfach – die Vogelherdhöhle war so ein Ort. Werkzeuge und Schmuck zeugen davon, dass es auch die Menschen der Steinzeit nicht nur sicher, sondern auch gemütlich haben wollten. Auf dem Rundweg sind 13 Skulpturen aufgestellt, die vergrößerte Modelle der Originalfunde darstellen und den Reichtum dieser Fundstelle widerspiegeln.

Am Vogelherd 1, 89168 Niederstotzingen-Stetten, www.archaeopark-vogelherd.de

// Unbedingt probieren

Auric-Schorle, ein Drink aus den Powerfrüchten der Eiszeit.

Campus Galli: Die Neuentstehung einer Klosterstadt aus dem Jahr 830

3 Campus Galli

Baustelle betreten erbeten! Richtig gelesen, auf dem Campus Galli in Meßkirch läuft alles ein bisschen anders. Nicht nur, dass die Arbeiter ungewohnt gekleidet sind. Bohrmaschine, Akkuschrauber oder anderen Zivilisationskram sucht man hier vergebens.
Wer kann und will, macht einfach mit: Steine klopfen, schnitzen, schmieden, flechten, spinnen – jedes einzelne Teil wird später verwendet. Und es wird eine Menge gebraucht, denn hier entsteht seit 2012 nichts Geringeres als eine Klosterstadt nach einem Bauplan aus dem Jahr 830.

Der St. Galler Klosterplan ist die älteste überlieferte Architekturzeichnung, auf Pergament gezeichnet haben Mönche auf der Insel Reichenau, wie sie sich die räumliche Organisation eines idealen Großklosters vorgestellt haben. Der Plan ist eine Mischung aus Bauplan, Organigramm und kirchenpolitischem Statement. Gebaut wird wie vor 1200 Jahren, mit einfachen Werkzeugen und Techniken des frühen Mittelalters. Pausen und Feierabend richten sich nach dem Sonnenstand, den Durst löscht Wasser aus dem Tonkrug.
Hungrig? Fladenbrot, Linseneintopf oder Karolingische Wurst stehen auf dem Speiseplan im Campus Galli. Dazu Bier, Schorle oder Met. Kaffee gibts keinen, denn der kam erst Jahrhunderte später nach Europa.

Hackenberg 92, 88605 Meßkirch,
www.campus-galli.de

// Auch sehenswert

Barockkirche St. Martin in Meßkirch und das Schloss mit seinen drei Museen und dem Hofgarten.

Mithelfen erwünscht: Gebaut wird mit den Hilfsmitteln der damaligen Zeit

#Bahnstrecke

30 Kandertalbahn

Es zischt und dampft. In der Luft hängt ein Geruch aus Kohle und heißem Metall. Mit einem ohrenbetäubenden Pfiff setzen sich 70 Tonnen Stahl schnaufend in Bewegung. Kameras klicken, Augen leuchten – und es ist von Mai bis Oktober jeden Sonntag aufs Neue ein Spektakel, wenn die alte Dampflok aus dem Jahr 1904 ins Kandertal abdampft.

Mit gemütlichen 30 Stundenkilometern zuckelt das liebevoll »Chanderli« genannte Museumsbähnle im Sommer zwischen Haltingen und Kandern durch das idyllische Markgräflerland. Die knapp 13 Kilometer lange Strecke der Kandertalbahn ist in ihrer vollen Länge mit allen Stationen erhalten geblieben. Inklusive der Bimmelbahn-Atmosphäre mit Läuten und Pfeifen vor den Bahnübergängen.

www.kandertalbahn.de

// Für kleine Abenteurer

Walderlebnispfad mit 15 Stationen wie Pirschpfad, Tierweitsprung, Imkerei, Tierspuren und Barfußpfad. Start rund 500 Meter vom Bahnhof Kandern entfernt.

Das Chanderli fährt im Sommer zwischen Haltingen und Kandern

Die Alternativen

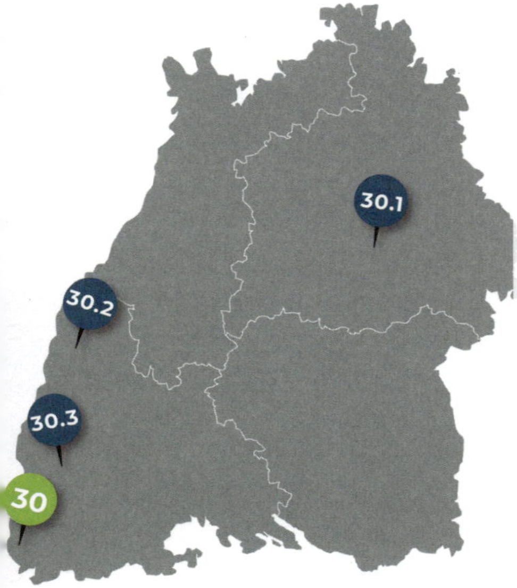

30.1
30.2
30.3
30

1 Schwäbische Waldbahn

Die Königlich Württembergischen Staatseisenbahnen eröffneten 1908 den ersten Abschnitt der Schwäbischen Waldbahn bis Rudersberg, drei Jahre später das bergige Reststück bis Welzheim. Extrem schön, besonders an den Viadukten über den Strümpfelbach oder die Wieslach. Ab den 20er-Jahren des letzten Jahrhunderts bevölkerten Sommerfrischler aus Stuttgart die Züge, die die gute Luft im Welzheimer Wald schnuppern wollten. Sogar auf den Wagendächern saßen die Leute, und zusätzliche Lokomotiven mussten als Vorspannloks aushelfen. 1980 stellte die Deutsche Bundesbahn den Personenverkehr und nach schweren Regenfällen mit Erdrutschen den Betrieb ein paar Jahre später schließlich ganz ein. Seit 2010 dampft die Schwäbische Waldbahn nach aufwendiger Sanierung jedoch wieder – sehr zur Freude der Ausflügler. Ihren Charme hat die alte Museumsbahn bis heute nicht verloren.

www.schwaebische-waldbahn.de

// Für Aktive

Empfiehlt sich eine Wanderung auf dem Bahnerlebnispfad entlang der Strecke der Schwäbischen Waldbahn.

Viadukte und grüne Hügel im Schwäbischen Wald

Mit Dampf durch den Schwäbischen Wald bei Welzheim

2 Schwarzwaldbahn

Den Schwarzwald mit der Bahn erkunden? Zugfahren kann wunderbar entschleunigend sein. Hinter jeder Kurve und jedem Tunnel eine neue Aussicht: Wälder, Berge, Flüsse oder Seen. Vom badischen Offenburg bis Konstanz am Bodensee reiht sich ein Superlativ an den anderen, nicht umsonst gilt die Schwarzwaldbahn als eine der schönsten Bahnstrecken Deutschlands. Langsam bergauf gehts durch das Kinzigtal, vorbei an den Gengenbacher Weinbergen, Wiesen und idyllischen Städtchen. Ab Hausach wird das Tal enger. In Hornberg passiert die Schwarzwaldbahn das einzige Viadukt. Das Reichenbach-Viadukt war während des Zweiten Weltkriegs ein bevorzugtes Ziel der Fliegerbomben, um die Strecke zu blockieren, wurde aber nie getroffen. Kurvig schlängelt sich die Schwarzwaldbahn anschließend durch dichte Wälder nun in Richtung Triberg. Um die extremen Höhenunterschiede von 448 Metern zwischen Hornberg und Sommerau zu überwinden, griffen die Ingenieure zu einem Trick: Die elf Kilometer Luftlinie wurden auf eine Bahnstreckenlänge von 26 Kilometern verlängert. Und zwar mit insgesamt 36 Tunneln und zwei Kehrschleifen.

Stetig bergauf zuckelt der Zug weiter bis St. Georgen, durchquert die Baar-Ebene und lässt den Schwarzwald schließlich hinter sich, um durch den Hegau bis nach Singen zu gelangen.

Mit der Schwarzwaldbahn ans Meer? Ja: Ans Schwäbische Meer braucht der Zug abwechslungsreiche zwei Stunden – und der Badeurlaub kann beginnen.

www.schwarzwaldbahn.net

// Ausflugsstopp

Wer will, steigt in Triberg kurz aus und geht ein Stück zu Fuß weiter – auf dem Schwarzwaldbahn-Erlebnispfad. Auch Deutschlands höchste Wasserfälle rauschen in Triberg ins Tal.

Mit der Schwarzwaldbahn bis an den Bodensee

Deutschlands steilste Bahnstrecke: Höllentalbahn

3 Höllentalbahn

Mehr als 400 Höhenmeter auf zwölf Kilometern, das ist rekordverdächtig. Nicht minder spektakulär ist die restliche Strecke: neun Tunnel und zahlreiche Brücken, darunter das 224 Meter lange Ravenna-Viadukt, das die gleichnamige Schlucht überquert. Unterwegs bieten sich einmalige Ausblicke über den Schwarzwald, in weite Täler und auf den Titisee. Deutschlands steilste Bahnstrecke startet in Freiburg im Breisgau. Und zwar seit 1882. Nach und nach wurde die Strecke verlängert bis nach Donaueschingen.

Das Höllental war früher eine der wichtigsten Handels- und Postrouten im Schwarzwald. Konnten die Züge diesen Abschnitt nur mit Unterstützung des Zahnradbetriebes überwinden, der die Lok entweder die Steigung hochzog oder sie beim Herunterfahren bremste, ist das mit den modernen Wagen heute kein Problem mehr.

Die Route führt über Kirchzarten und Himmelreich, weiter über den Hirschsprung, Hinterzarten, Titisee, Neustadt, Rötenbach und Löffingen bis nach Donaueschingen. Alternativ besteht ab Titisee die Möglichkeit, mit der Drei-Seen-Bahn bis nach Schluchsee/Seebrugg zu fahren.

www.hochschwarzwald.de

// An der Strecke

Die Ravennaschlucht mit der St.-Oswald-Kapelle von 1148 und dem Hofgut Sternen, in dem Marie Antoinette 1770 und Johann Wolfgang von Goethe im Jahre 1779 übernachteten.

Das ganze Jahr über ein Vergnügen:
die Blumeninsel Mainau im Bodensee

31 Insel Mainau

Am schönsten ist die Ankunft auf der Mainau von der Seeseite. Im Hafen herrscht emsiges Treiben, die Besucher verteilen sich aber schnell auf die zahlreichen Wege. Bekannt ist die Insel für ihre Blumenpracht, doch auch auffallend viele verschiedene Baumarten sind hier heimisch geworden: Tulpenbaum, Blasenbaum oder Chile-Tanne, manche sind mehr als 150 Jahre alt und entsprechend mächtig.

Die Mainau gehörte lange Zeit zum badischen Fürstenhaus. Als Victoria von Baden den schwedischen König Gustav V. heiratete, gelangte die Insel 1928 in den Besitz der Schweden. Die Adelsfamilie Bernadotte verwandelte die Insel in ein Blumenparadies und öffnete sie für Touristen. Vor allem Graf Lennart hatte ein Faible für seltene Bäume, die zu einem einzigartigen Arboretum herangewachsen sind.

www.mainau.de

// Unbedingt probieren

Kaffeefans sollten sich die internationalen Kaffeespezialitäten im Schloss-Café wie »Kapuziner«, »Cafezinho do Brazil«, »Fliegender Holländer« oder »Mozart-Eiskaffee« nicht entgehen lassen.

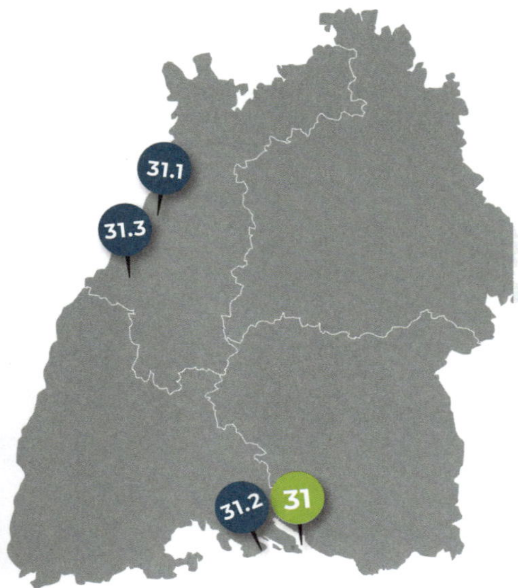

1 Botanischer Garten Karlsruhe

Exotische Bäume, dazwischen Blumeninseln rund um die Orangerie – kein Wunder, dass bei dieser Aussicht das Bundesverfassungsgericht ausgerechnet dort noch ein paar Büros bauen wollte – am Botanischen Garten hinter dem Schloss.
Die Großherzöge von Baden haben dort ein kleines Paradies erschaffen. Kakteen, Sukkulenten und tropische Orchideen gedeihen prächtig in den Glashäusern.
Aus der Zeit der Stadtgründung vor rund 300 Jahren stammt der Doppel-Palmfarn, ein ganz besonderer Schatz im Botanischen Garten Karlsruhe, da dieser eigentlich Tropenklima braucht. Stadt- und Schlossgründer Markgraf Karl Wilhelm von Baden-Durlach liebte Pflanzen und brachte von seinen Reisen gern ein paar exotische Exemplare mit, die, ähnlich wie Tulpen, in den Fürstenhäusern der damaligen Zeit äußerst begehrt waren.

Bis zu 300 Jahre alt sind die Schätze im Botanischen Garten Karlsruhe

Ein Fest für Botaniker ist die Agave, wenn sie blüht, denn das kommt nur selten vor. Wenn, dann aber richtig: Mehr als 5000 kleine Einzelblüten hat man an der alten Agave in Karlsruhe schon gezählt, die samt Blütenstand eine Höhe von acht Metern erreicht. Um sie angemessen bewundern zu können, wurde eigens ein begehbarer Turm um die Pflanze gebaut.

Hans-Thoma-Straße 6, 76131 Karlsruhe, www.botanischer-garten-karlsruhe.de

// Gleich nebenan

Der Schlossgarten – ideal für ein Picknick unter alten Bäumen.

2 Hesse-Garten Gaienhofen

Was für ein verwunschenes Plätzchen: Farben und Düfte verschmelzen mit der Landschaft, sogar das Haus trägt das Türkisgrün des Bodensees. Hermann Hesse hatte ein glückliches Händchen in seinem Garten. Fünf Jahre lebte der Schriftsteller mit seiner Familie hier in Gaienhofen. Danach war der Garten fast 90 Jahre lang sich selbst überlassen. Bis eine Biologin diesen historischen Ort rettete, selbst einzog und mit viel Liebe zum Detail den Literatengarten zu neuem Leben erweckte. Sie las Hesses Briefe, in denen er auch über seinen Garten schrieb, und hatte Glück: Im Literaturarchiv Marbach fand sie eine Skizze des Gartens von Hesse selbst – der Masterplan für die Wiederanlage.

Auf der Nordseite befindet sich der Selbstversorgergarten mit Blumenkohl, Bohnen und anderem Gemüse, dazu Erdbeeren, Himbeeren und Apfelbäume.

Der Südgarten zum Bodensee wandelt sich mit den Jahreszeiten – vom Farbenrausch der Rosen im Frühsommer bis zum spektakulären Blick auf den See, wenn die Bäume lichter werden.

Hermann-Hesse-Weg 2, 78343 Gaienhofen, www.mia-und-hermann-hesse-haus.de

// Noch mehr Gartengenuss

Zahlreiche Events und Führungen offeriert ein Netzwerk aus mehr als 40 Bodenseegärten und Parks. Termine unter www.bodenseegaerten.eu.

Hesse-Haus mit Garten in Gaienhofen

Rosenschönheiten am Beutig

3 Rosengarten Baden-Baden

Sie heißen Bee Lovely, Desdemona oder Gräfin Diana – und sind wahre Schönheiten. Viele nennen sie die Königinnen der Blumen: Rosen. Auf dem Beutig-Berg von Baden-Baden laden sie zur Audienz. Mehr als 100 neue Rosensorten aus der ganzen Welt werden im Rosenneuheiten-Garten, so der offizielle Name, jährlich gezeigt und von Experten prämiert. Die Auszeichnung mit der »Goldenen Rose von Baden-Baden« ist die größte Ehrung für Rosenzüchter überhaupt.
Um »Goldene Rose von Baden-Baden« zu werden, reicht es nicht, schön auszusehen. Kriterien wie Duft, Blütenform, Blätter und Gesamteindruck bringen ebenso Punkte ein. Zudem sollte die Rose widerstandsfähig sein und möglichst lange blühen, um bei den Prüfern vorn zu landen. Der Wettbewerb im Rosenneuheiten-Garten Baden-Baden gilt als einer der bedeutendsten in ganz Europa und kann mit renommierten Prüfgärten in Paris oder England mithalten.

Mehr als 700 Quadratmeter umfasst die Rosenschau oberhalb der Stadt – mit fantastischer Aussicht auf die Schwarzwaldberge rund um Baden-Baden. Rosenbögen überspannen die Wege, weiße Bänke und kleine Lauben mit Statuen griechischer Götter sorgen für die passende Kulisse.
Nicht wundern, wenn es ständig »Klick!« macht. Das sind die Fotografen, die teils von weit her kommen, um die Blüten perfekt abzulichten. Der frühe Vogel wird belohnt, der späte aber auch. Warum? Ganz einfach: Zum Sonnenauf- oder -untergang duften manche Sorten besonders intensiv. *Moltkestraße 3, 76530 Baden-Baden, www.baden-baden.de*

// Nicht verpassen

Regelmäßig finden auf dem Beutig im Sommer Konzerte der Baden-Badener Philharmonie statt sowie die Veranstaltungsreihe »Mondkino im Rosengarten«.

#Badesee

32 Bodensee

Die Schiffe im Hafen, Platanen an der Uferpromenade, Palmen auf der Mainau, das pittoreske Meersburg und die umliegenden Weinberge … das fühlt sich nach Urlaub im Süden an. Ist es ja auch – in Deutschland eben. Und ja, auf schöne Strände muss auch keiner verzichten. Allein rund um Konstanz sorgen vier kostenlose Strandbäder für Badespaß: Horn, Dingelsdorf, Litzelstetten und Wallhausen.

»'s Hörnle« ist das größte Strandbad am Bodensee, sogar Nackedeis finden dort ein separates Plätzchen. Romantisch wird's zum Sonnenuntergang im Strandbad auf der Reichenau, wenn der See rotlilablau schimmert. Echten Sand unter den Füßen kann man am Naturstrand Friedrichshafen-Manzell spüren.

Märchenhaft schön ist das Lindenhofbad in Lindau. Von der Liegewiese mit Bademole hat man einen traumhaften Blick auf die schneebedeckten Gipfel der Alpen und vorbeifahrende Schiffe.

www.echt-bodensee.eu

// Nicht verpassen

Die Lindauer Hafeneinfahrt: Das Ensemble aus Bayerischem Löwen und Leuchtturm ist das Wahrzeichen der Stadt – und ein beliebtes Fotomotiv.

Badefreuden im Bodensee

Die Alternativen

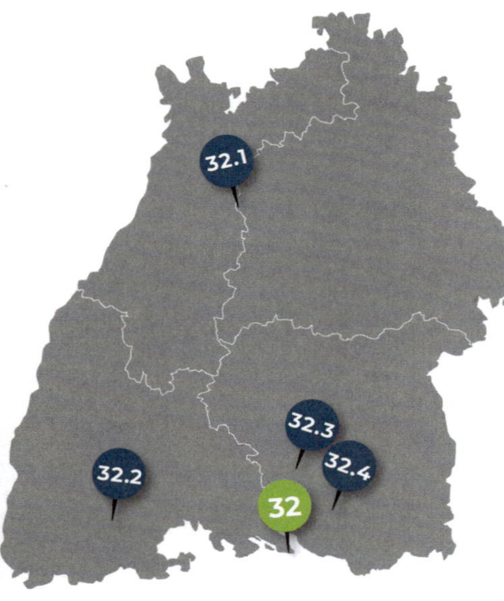

1 Ehmetsklinge

Mit Hecht, Karpfen oder Aal um die Wette schwimmen? Das geht im Stausee Ehmetsklinge. Der bekannteste See im Zabergäu liegt idyllisch zwischen Stromberg und Heuchelberg, einst als Hochwasserschutz angelegt, und ist heute nicht nur fischreich, sondern einer der beliebtesten Seen nahe Heilbronn.

Am Naturstrand gibt es eine Flachwasserzone für Kinder zum Sandburgenbauen und sanitäre Anlagen. Lieber Tretbootfahren oder Surfen? Alles erlaubt, solange kein Motor im Spiel ist. Die Liegewiese ist riesig, sodass auch an den heißesten Tagen (fast) jeder ein Plätzchen findet. Falls doch nicht, lockt gleich nebenan noch ein weiterer See: der Katzenbachsee. Früh da sein lohnt sich auf jeden Fall. Dann lassen sich auch Reiher und Schwäne beobachten oder mit etwas Glück sogar ein Eisvogel.

Hunde dürfen nicht ins Wasser. Um den See herumspazieren aber schon, das gefällt ihnen wahrscheinlich genauso gut wie den Zweibeinern. Um die Ehmetsklinge führt ein abwechslungsreicher, sechs Kilometer langer Rundweg. Wer kein Vesper dabei hat, findet im Biergarten mit Terrasse und am Seekiosk eine kleine Auswahl an Snacks.

Parkplätze direkt am See, www.zaberfeld.de

// Mit Kindern unterwegs?

Die Wildkatzenerlebniswelt und -spielanlage liegt direkt am See.

Erst einmal herumwandern, dann ins kühle Wasser der Ehmetsklinge springen

Bietet Wasserspaß für jeden Geschmack: der Schluchsee

2 Schluchsee

Mit molligen 22 Grad konnte der Schluchsee früher nicht glänzen. Schließlich war er einmal ein kleiner Gletschersee. Vielleicht ist er deswegen einer der saubersten Badeseen in Deutschland. Auf jeden Fall der größte See überhaupt im Schwarzwald. Und wunderschön anzusehen. Auch von oben, vom Bildstein, wenn man den Jägersteig premiumwandert und zu diesem Aussichtspunkt hochsteigt.

Kanu- oder Kajakfahren, Stand-up-Paddling, Rudern, Segeln, Surfen – geht alles am Schluchsee. Sogar ein beheiztes Freibad mit direktem Seezugang gibt es. Dazu Rad- und Mountainbike-Routen von flach bis anspruchsvoll. Und im Winter: 60 Kilometer Loipen, 15 Winterwanderwege und jede Menge Rodelspaß.
Grüne Tannen säumen das Ufer, der Wind bläst weiße Segelboote übers Wasser, ganze 7,5 Kilometer ist der Schluchsee lang. Überall finden sich lauschige Badeplätze. Sehr romantisch ist es an der Amalienruhe, der kleine Pavillon am See eignet sich perfekt für ein Picknick.
www.hochschwarzwald.de

// Wassertaxi

Die Seerundfahrten im Linienverkehr halten an vier Anlegern.

Ehemalige Kiesgrube, heute kristallklarer Badesee

3 Krauchenwieser See

Wer an die Seenplatte will, muss in den Norden von Deutschland reisen? Nö. Nur bis in den Naturpark Obere Donau. Die Oberschwäbische Seenplatte umfasst insgesamt zehn Seen. Mit dem längsten Sandstrand in Oberschwaben lockt dabei der Krauchenwieser See, eine ehemalige Kiesgrube mit kristallklarem Wasser. Aus dem 1979 eröffneten Naturfreibad wurde mittlerweile die Krauchenwieser Küste mit fast drei Kilometern Uferlinie.

Schatten spenden alte Bäume, Kinder können sich auf dem Spielplatz austoben, eine Boule-Bahn, Tischtennisplatten, Beachvolleyballplätze und Schachtische laden auf ein Match ein. Für das leibliche Wohl ist an der Krauchenwieser Küste ebenso gesorgt.

Und auch wenn es offiziell kein Freibad mehr ist, der Komfort bleibt erhalten: Umkleidekabinen und Sanitäranlagen mit Kalt- und Warmwasserduschen. Und zwar gratis, lediglich für den Parkplatz fällt eine Gebühr an.

Der Krauchenwieser See sorgt aber nicht nur für Badespaß, sondern ist auch wichtiger Teil des Ökosystems der Region mit dem Ziel, Wasserqualität in den Weihern und Bächen Oberschwabens zu verbessern.

Sigmaringer Str. 46, 72505 Krauchenwies,
www.strandbad-krauchenwies.de

// Um die Ecke

Die Ablacher Seen in der Nähe von Krauchenwies am Fürstlichen Park Inzigkofen.

4 Illmensee

Viel Platz zum Spielen und Toben auf der weitläufigen Wiese. Dazu Strandkörbe, Badeinsel, Wasserrutsche und Sprungbrett – ein wahres Paradies für Wasserratten. Der herrliche Natursee punktet zudem mit einem Bootsverleih, Volleyballfeldern, einer Minigolfanlage und einem Schachfeld. Eine Spiellandschaft mit Wasser- und Sandspiel, Hütten, Stegen und einem Räuberwald begeistert auch die Jüngsten. Erfrischungen und Snacks für den kleinen Hunger offeriert der Kiosk.
Das Seefreibad ist zudem Ausgangspunkt für den 4,5 Kilometer langen Rundwanderweg um den Illmensee. Dieser ist jederzeit frei zugänglich – unabhängig von den Öffnungszeiten des Seefreibades.

Entstanden ist der Illmensee zusammen mit weiteren der Oberschwäbischen Seenplatte während der letzten Eiszeit. Neben Barsch, Hecht und Zander leben im sauberen Wasser des Illmensees jede Menge Edelkrebse.
Seestraße 3, 88636 Illmensee, www.seefreibad-illmensee.de

// Mal was Neues

In Pfullendorf wird Golf mit einem Fußball gespielt, in »Deutschlands verrücktester Golf-Anlage«!

Idyllisch liegt der Illmensee im Hinterland des Bodensees

Die »Imperia« von Peter Lenk begrüßt die Schiffe im Hafen von Konstanz

33 Bodensee

Hach, das Schwäbische Meer! Das fühlt sich immer ein bisschen an wie Mittelmeer. Das bunte Treiben im Hafen, die Cafés an der Seepromenade, einfach schön. Von Konstanz aus ist das Schiff wahrscheinlich die angenehmste Art, von einem zum anderen Ort am Bodensee zu gelangen. Ob zum Wandern, Radfahren (Räder dürfen auf manchen Schiffen mit an Bord), Shoppen oder als klassischer Ausflug auf die Inseln Mainau oder Reichenau – mit der Weißen Flotte ist man so grenzenlos wie bequem unterwegs.

Bis Bregenz braucht das Schiff rund vier Stunden, wer nach Friedrichshafen will, ist mit dem Katamaran in einer Stunde da. Und bis nach Meersburg auf der gegenüberliegenden Seite ist es sowieso nur ein Katzensprung.

www.bsb.de; www.echt-bodensee.eu

// Gourmettipp

Brunchen, Grillen oder eine Weinprobe auf dem See – bei den Genussfahrten kommt garantiert kein Zwieback aus der Kajüte.

Die Alternativen

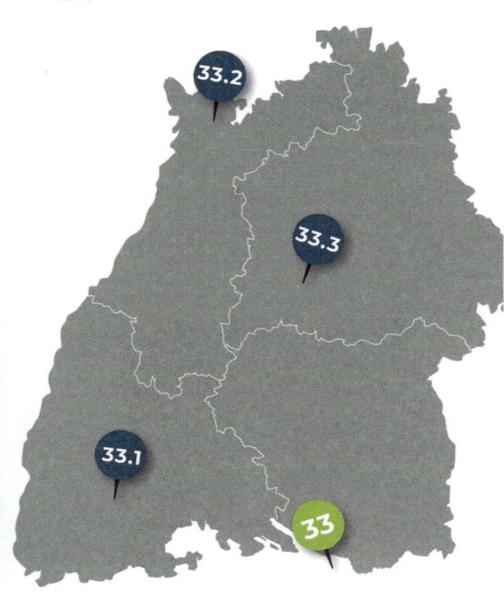

1 Titisee

Wehe dem, der die Tiefe des Sees vom Boot aus messen will, er könnte verschlungen werden. So wie das Kloster und die Stadt, die einst hier standen.

Märchen und Mythen ranken sich um den Titisee, seit es ihn gibt. Ziemlich lange ist das. Entstanden in der letzten Eiszeit, als der Gletscher vom Feldberg schmolz, und zum ersten Mal erwähnt in einem Schreiben des Klosters Allerheiligen zu Schaffhausen im Jahr 1050 – als Titun, später Titinsee und Titus. Ab 1887 reisen die Naturliebhaber per Höllentalbahn nach Titisee. Im kristallklaren Bergwasser wurde gerudert und geschwommen. An der Seepromenade ließ man sich treiben, errötete auf Sonnenstühlen und trug die Kunde dieser unerhörten Naturschönheit in die weite Welt hinaus.

Geschichten vom Titisee erzählt heute der Kapitän der Ausflugsboote, die hier schippern. Eine knappe halbe Stunde dauert die Rundfahrt auf dem zwei Kilometer langen See, der auf 850 Metern Meereshöhe liegt. Da kann es schon mal etwas frisch und windig werden auf dem Wasser. Die Surfer freut's.

Wer lieber auf eigene Faust in See stechen möchte, mietet einfach eines der Tretboote, eine Elektro-Jacht oder einen runden »Family-Donut«.

Kleine Bootstour auf dem tiefen Titisee

Natürlich weiß man im Übrigen längst, wie tief der Titisee ist: 40 Meter – zu Schaden kam beim Ausloten glücklicherweise niemand.

Seestraße 37, 79822 Titisee-Neustadt, www.boote-titisee.de

// Bester Blick

Postkartenschön präsentiert sich der Titisee vom Gipfel des Hochfirsts, dem Hausberg des Ortes.

Sightseeing mal anders: Bootsfahrt auf dem Neckar bei Heidelberg

2 Rhein-Neckar

»Königin Silvia«, »Victoria« oder »Liselotte von der Pfalz« bitten an Bord. Mit den Schiffen der Weißen Flotte lässt sich Heidelberg aus einer einzigartigen Perspektive erleben. Gemütlich zurücklehnen und auf dem Neckar schippern, während die Alte Brücke, das Heidelberger Schloss oder die Neuenheimer Villen am Ufer vorbeiziehen – Sightseeing mal anders. Was verpasst? Macht nichts, am Wieblinger Wehrsteg wendet das Schiff und fährt zurück zur Anlegestelle. Themenfahrten wie Käpt'ns Dinner, Schlagerwelle oder Italienischer Abend runden das Angebot ab.

Übrigens: Das Flaggschiff der größten Flussreederei in Südwestdeutschland wurde nicht nur nach der schwedischen Königin benannt, die gebürtige Heidelbergerin fährt auch selbst hin und wieder mit, am liebsten inkognito.

www.weisseflottehd.de, www.weisse-flotte-heidelberg.de

// Lohnt sich ebenfalls

Ein Spaziergang auf dem berühmten Philosophenweg oberhalb des Neckars.

Weinberge am Neckar

3 Neckar bei Stuttgart

Wer sagt, dass man für eine Kreuzfahrt weit reisen muss? Der Neckar-Käpt'n legt im Sommer mehrmals pro Woche gegenüber der Wilhelma in Stuttgart ab. Wer Lust auf eine spontane Auszeit auf dem Wasser hat, fährt einfach bis zum nächsten Anleger mit – oder die ganze Strecke bis zu den Felsengärten in Hessigheim. Mit sanftem Schaukeln zieht der Dampfer seine Bahn flussabwärts: Max-Eyth-See, durch die Aubrücke, die Reben der Cannstatter Weinlage Zuckerle ziehen langsam vorüber.
Neckargröningen, Ludwigsburg, Marbach sind die nächsten Stationen, ab Hessigheim gehts am Nachmittag wieder retour. Dazwischen: Kurven, Schleusen und eine Landschaft zum Träumen. Auf dem Deck des Schiffes findet jeder ein gemütliches Plätzchen, Getränke und Snacks verkauft die Crew an Bord. Das fühlt sich wirklich nach Urlaub an. En passant erzählt der Kapitän Wissenswertes zur Route. Die Fakten sind schnell abgehandelt: Der Neckar ist 367 Kilometer lang, entspringt im Naturschutzgebiet Schwenninger Moos, ist schiffbar ab Plochingen und mündet bei Mannheim in den Rhein.

neckar-kaeptn.de

// Das volle Programm

Bootsfahrt mit Stadtführung und Verkostung gibts bei den Ausflugsfahrten jeweils zu bestimmten Terminen.

WIR MACHEN EINEN AUSFLUG!

IN BADEN-WÜRTTEMBERG

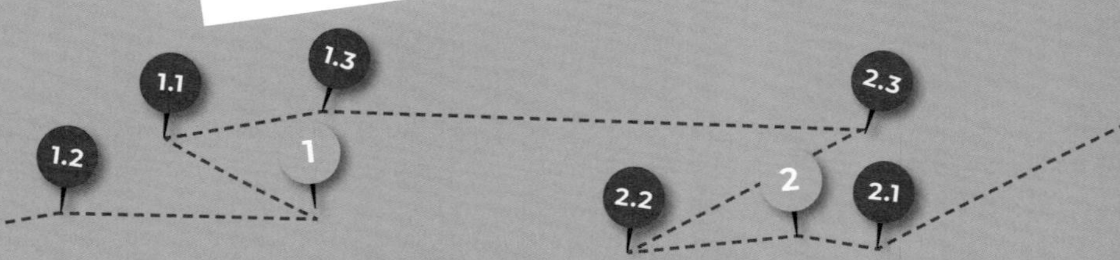

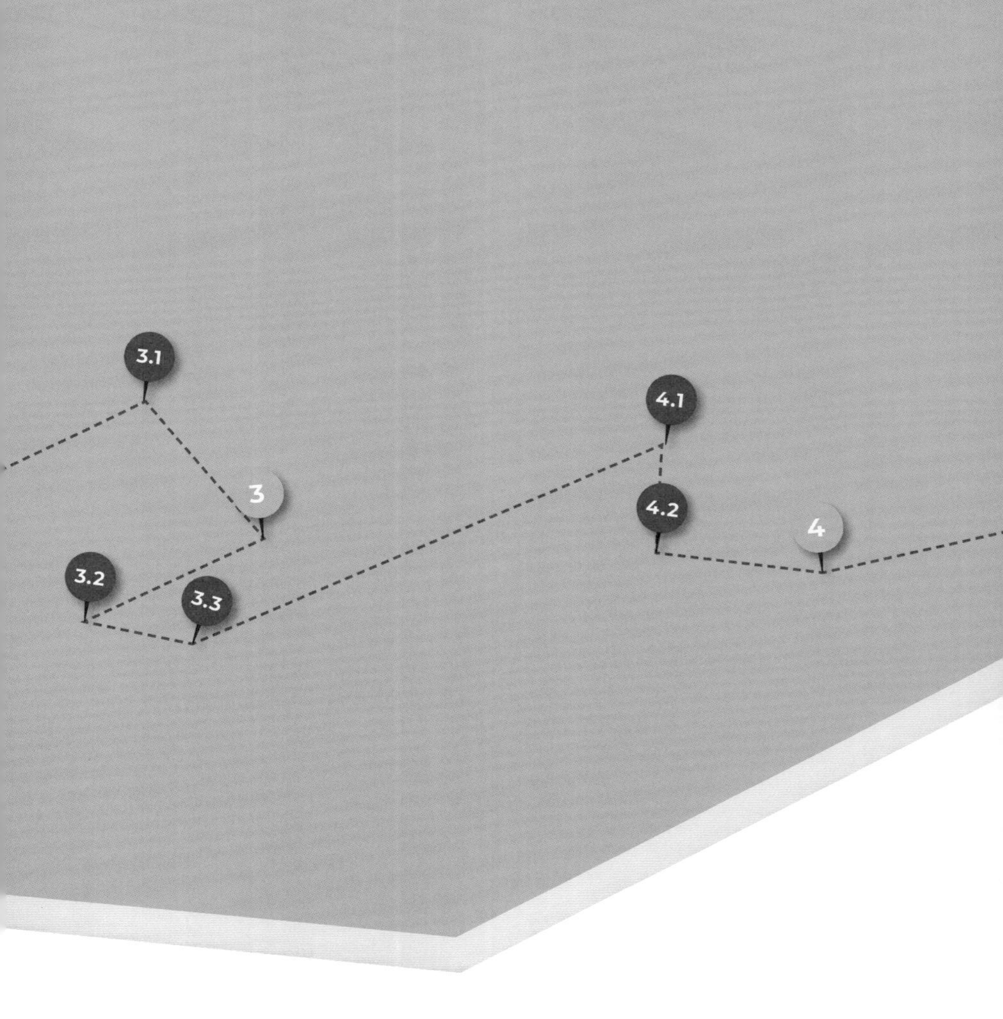
3.1
3
3.2
3.3
4.1
4.2
4

WIR MACHEN EINEN AUSFLUG!

Was tun, wenn nach der Besichtigung des Märchenschlosses noch viel Zeit ist? Ein Blick auf die Karte offenbart: Da ist ja noch einiges in der Nähe! Ein herrlicher Aussichtspunkt zum Beispiel oder ein Mini-Wanderweg.

IM NORDEN

#Kunstmekka
#Stadt am Fluss
#Märchenschloss

Ein perfekter Tag für Kunst- und Kulturfreunde: Nach einem Tête-à-Tête mit Manet und Giacometti in der Kunsthalle Mannheim (1) einen Kaffee in der schachbrettartig angelegten Innenstadt genießen. Nebenan in Heidelberg (2) wartet noch mehr Flair: Alte Brücke und Altstadt liegen nah beieinander. Wer noch weiter auf royalen Wegen wandelt, kann im Schwetzinger Schlossgarten (16.3) durchaus Unerwartetes entdecken wie die rote Moschee.

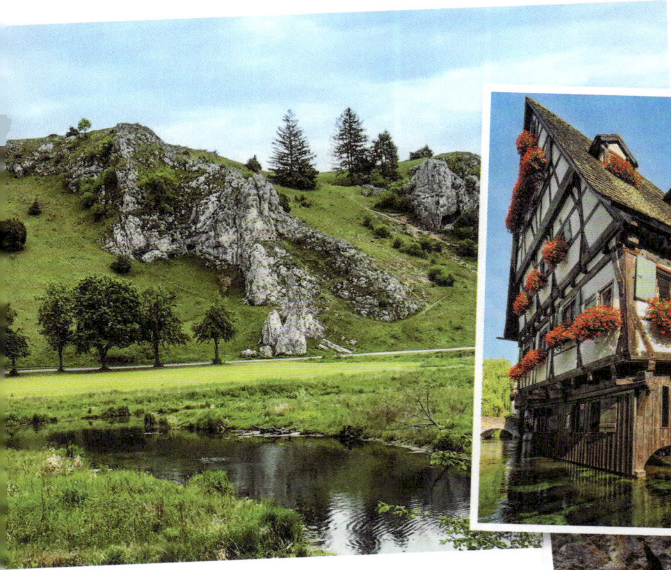

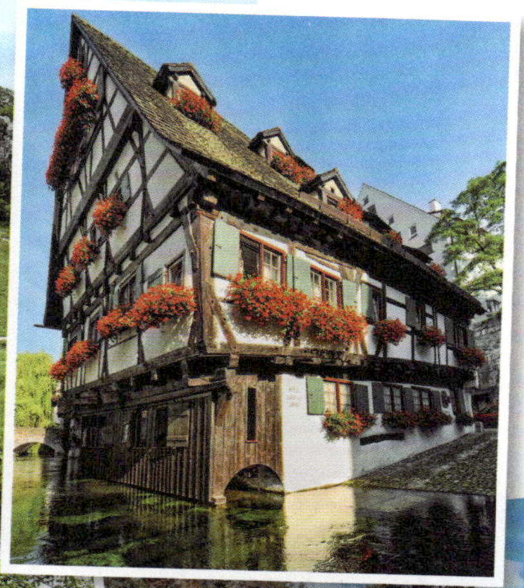

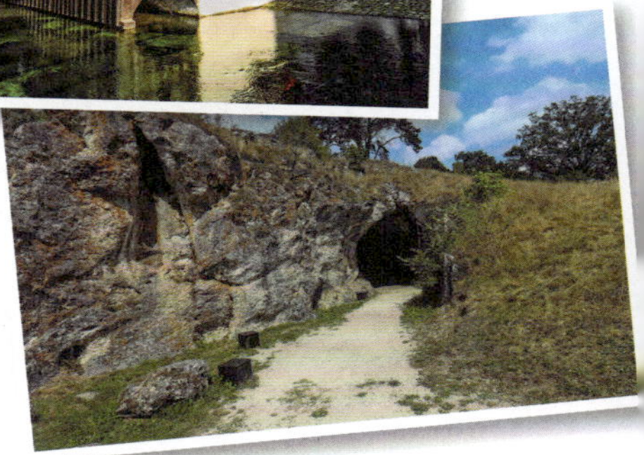

IM OSTEN

#Laune der Natur

#Radtour

#Zeitreise

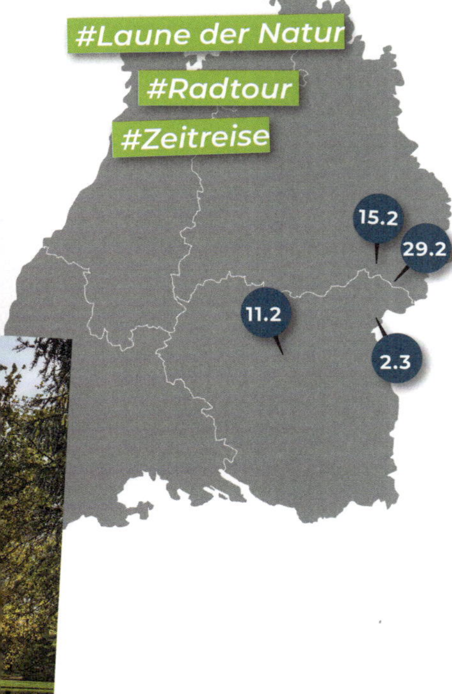

Um das Eselsburger Tal (15.2) mit seinen markanten Weißjura-Felsen und den Steinernen Jungfrauen ranken sich so einige Sagen. Fakt ist: Das unter Naturschutz stehende Brenztal zählt zu den landschaftlich schönsten Abschnitten des Albtäler-Radwegs (11.2). Mit Kindern unterwegs? Die haben im Archäopark Vogelherd (29.2) beim Ausflug in die Steinzeit garantiert ihren Spaß. Feuermachen oder Höhlenerkundung – eine Tour mit den Archäoguides ist das reinste Abenteuer. Und zur Erholung sehr charmant ist das Fischerviertel in Ulm (2.3) mit vielen Kneipen und Cafés, ein beliebter Treffpunkt auch für Einheimische – ideal für den krönenden Abschluss eines Ausflugstages.

IM SÜDEN

#Blütentraum

#Badesee

#Weingegend

24.3

32

31

Ideal für einen heißen Sommertag: das Strandbad Hörnle am Bodensee 32. Die Wiese am Wasser ist groß genug für alle, egal, ob Rückenschwimmer oder Beachvolleyballer. Sogar Nackedeis finden dort ein separates Plätzchen zum Sonnenbaden. Nur wenige Schritte entfernt lockt Konstanz am Nachmittag zum Bummeln und Genießen. Oder man nimmt gleich dort am Hafen eines der Schiffe – Blumenfreunde steigen auf der Mainau 31 aus, Burgenfans bleiben bis Meersburg 24.3 an Bord.

IM WESTEN

#Großstadtflair

#Fernsicht

#Freilichtmuseum

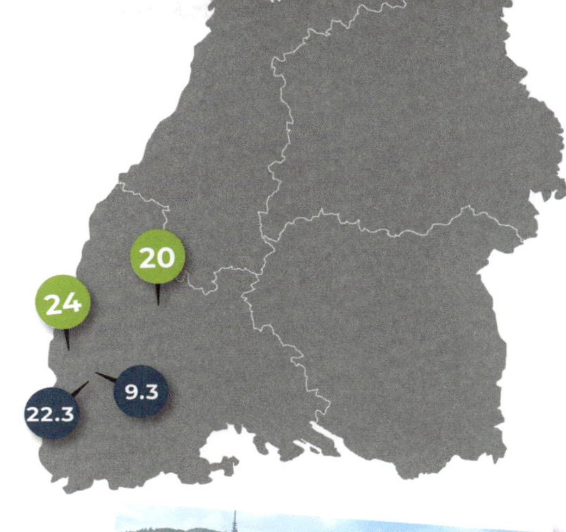

Ein ganzes Wochenende Zeit? Dann lohnt sich folgendes Programm: Einen Bummel durch die Altstadtidylle von Freiburg 9.3 kann man wunderbar mit einem Besuch des Wochenmarktes am Münster verbinden. Danach unbedingt noch einen Abstecher auf den Schlossbergturm 22.3 machen, von oben reicht die Sicht bis weit in den Schwarzwald. Wie das Leben dort früher aussah, erzählt der Vogtsbauernhof 20. Im Schwarzwälder Freilichtmuseum besichtigt man Häuser aus sechs Jahrhunderten, darunter ein kleines Schloss und ein Winzerhaus. Guter Wein wächst gleich um die Ecke: am Kaiserstuhl 24. Beste Bedingungen für diverse Burgundersorten, die man am nächsten Tag in urigen Straußwirtschaften oder bei Weinfesten genießen kann.

REGISTER

Hornisgrindeturm

IMPRESSUM

// Konzeption: Monique Sorban nach einer Idee von Antje Zimmermann
// Cover- und Buchgestaltung: Carolin Weidemann, Köln, www.weidemann-design.com
// Lektorat & Produktion: Verlagsbüro Wais & Partner, Stuttgart (Sabine Besenfelder, Rainer Maucher, Natasa Sipka, Kai Wieland; Assistenz: Linus Maucher), www.wais-und-partner.de

Printed in Italy

1. Auflage 2022

ISBN 978-3-616-03158-3

www.dumontreise.de

BILDNACHWEIS

Titelbilder:

// Oben: die alte Neckarbrücke in Heidelberg; Foto: shutterstock / mapman

// Unten: Tübinger Neckarfront mit Hölderlinturm und Stocherkahn; Foto: Bürger- und Verkehrsverein Tübingen

Innenteil:

Alexander Meyer: S. 186/187

Andi Schmid/Touristikgemeinschaft Heilbronner Land: S. 74 (Chris Frumolt)

Andrea Wurth: S. 195

Antje Seeling: S. 3, 6, 7, 8, 8/9, 9 o, 9 u. r., 77, 14, 20, 21, 28/29, 30/31, 32, 34, 34/35, 40, 44, 46, 46/47, 50, 59, 64, 74/75, 76, 78/79, 80, 80/81, 82, 83, 84/85, 86, 87, 88, 88/89, 92, 93, 94, 94/95, 98/99, 100/101, 101, 102/103, 105, 114/115, 116, 118, 118/119, 122, 123, 136, 136/137, 138/139, 140, 141, 142/143, 143, 148/149, 149, 152, 153, 158/159, 160, 160/161, 166/167, 176/177, 178, 196/197, 197, 198/199, 205/206, 212/213 o., 213, 214 u. l., 215 m., 224

Arbeitsgemeinschaft Kocher-Jagst-Radweg: S. 9 u. l. (Chris Frumolt)

Bad Urach Tourismus: S. 146, 166, 179

Badeparadies Schwarzwald TN GmbH: S. 162/163

Bauernhausmuseum Wolfegg: S. 130/131 (Ernst Fessler)

Brigida González, Stuttgart: S. 52/53

Campus Galli: S. 184, 185

Carasana Bäderbetriebe GmbH: S. 165 (Krause, Johansen)

DZT: S. 164 (Günter Standl)

Franz Neuhäusler: S. 22, 213

Gregor Lengler: S. 72/73 (Achim Mende)

Günther Bayerl: S. 36/37, 38/39, 112

H. Sieling: S. 70/71

Hans-Joerg Haas: S. 214/215

Heilbronner Land: S. 200 (Thomas Rathay)

Hochschwarzwald Tourismus GmbH: S. 69, 70 (Achim Mende); 147, 168/169, 172, 200/201, 206; 174/175 (grizzlyatethephotographer.com); 171 (Klaus Hansen)

Hochschwarzwald Tourismus GmbH/Andre Ivancic: S. 5, 190/191 (Steffen Rees)

Hohenloher Freilandmuseum Schwäbisch Hall – Wackershofen: S. 128, 129

Huber Images, Garmisch-Partenkirchen: S. 108/109 (Jürgen Busse); 112/113 (Mark Robertz); 110 (Reinhard Schmid)

Insel Mainau: S. 192/193, 214 o. (Peter Allgaier)

Julia Haseloff: S. 41

Julia Schambeck und Ulrich Schmitt: S. 15
Karl G. Geiger: S. 142
laif, Köln: S. 150/151 (Martin Kirchner)
maks richter fotograf stuttgart: S. 208/209
Mauritius Images, Mittenwald: S. 183 (Katharina Hild/imageBROKER); 203 (Martin Siepmann); 54/55 (Michael Weber); 203/204 (RODRUN/Knöll)
Mende: S. 28, 65, 215 u.
P. Littner: S. 215 o.
Pfahlbauten: S. 180/181 (F. Mueller)
picture alliance, Frankfurt a. Main.: S. 58 (Andreas Keller)
Porsche AG: S. 56, 57
Projektteam AG: S. 106/107 (Enes Klopic)
Rainer Maucher: S. 182
Reiner Enkelmann: S. 130
Roland Beck: S. 120/121
Shutterstock, Amsterdam (NL): S. 198/199 (AK-Snapshot); 90/91 (Canadastock); 132/133 (D. Pfleiderer); 33 (FooTToo); 96/97 (Kai-Marco Fischer); 104 (Karina Lopatina); 116/117 (KK Imaging0); 126/127 (Lia Seisdici); 122 (Patrik Fehrenbach); 156/157 (Schlesier52); 144/145 (Sergii Zinko); 66/67 (Simon Dux Media); 63 (uslatar)
Simon Menges: S. 16
Staatliche Schlösser und Gärten Baden-Württemberg: S. 124/125, 154 (Achim Mende); 154/155, 214 u. r. (Arnim Weischer); 106, 212/213 u. (Günther Bayerl); 194 (Julia Haseloff); 170 (Rolf Schwarz)
Stadt Ulm/Bierer: S. 45
Stadt Welzheim: S. 188, 189
Stadtarchiv Ulm: S. 2, 51
Stadtmarketing Mannheim GmbH: S. 62 (Hüseyin Yerlikaya)
Stuttgart Marketing GmbH: S. 17 (Florian Selig); 60/61 (Werner Dietrich)
Technikmuseum Sinsheim (ohne Namen): S. 26/27
Themen- und Badewelt Sinsheim: S. 134, 134/135
Thomas Kiel: S. 111
TMBW_Düpper: S. 4, 48/49, 12/13, 212 o.
Tobias Schwerdt: S. 18/19, 207, 212 u.
Tourismus & Events Ludwigsburg: S. 68
Tourist-Info Seebach: S. 98, 172/173, 218
Tourist-Information Stadt Hornberg: S. 190
Touristikgemeinschaft HeilbronnerLand/Chris Frumolt: S. 24/25
Ulm/Neu-Ulm Touristik GmbH & Stadtarchiv Ulm: S. 22/23
Wilhelma Stuttgart/Harald Knitter: S. 42/43 (Harald Knitter)

NOTIZEN

ANTJE SEELING

liebt es, draußen zu sein – bei jedem Wetter. Wenn sich das dann noch mit kulinarischen Genüssen verbinden lässt, umso besser.

Wenn sie nicht gerade am Schreibtisch textet oder als Journalistin unterwegs neue Geschichten recherchiert, findet man Antje beim Wandern oder im nächstgelegenen Park. Immer wieder fasziniert von Vogelgezwitscher, dem Duft von frisch geschnittenem Holz im Wald oder einem weiten Blick in unberührte Natur.

Über ihre Erlebnisse schreibt Antje auch in ihrem Blog www.delicious travel.de. Seit 2012 lebt sie am Rand von Stuttgart und fühlt sich schon lange nicht mehr als Neig'schmeckte. Nur das Schwäbeln überlässt sie auch künftig den Eingeborenen.